Einleitung

Ein Hund soll es sein!

Herzlichen Glückwunsch! Sie möchten Ihr Leben mit einem Hund bereichern. Wissen Sie, dass Sie sich damit quasi über Nacht in eine ganz besondere Gruppe von Menschen katapultieren? Sie gehören dann nämlich zu den Hundebesitzern, und die

- gehen seltener zum Arzt
- haben bessere Cholesterinwerte
- leiden seltener an Bluthochdruck
- sind weniger von Herz-Kreislauf-Erkrankungen betroffen bzw.
- erholen sich nach Herzerkrankungen schneller
- sind weniger anfällig für Stress und depressive Verstimmungen
- leiden seltener unter Angstzuständen
- haben auch im Alter ein höheres Aktivitätsniveau
- unterhalten mehr Sozialkontakte
- benötigen oft weniger Medikamente
- verursachen somit geringere Ausgaben im Gesundheitssystem

als die Vergleichsgruppen. Ganze 88 % der Hundehalter geben sogar an, sich durch ihren Hund besser zu fühlen und insgesamt zufriedener zu sein! Wenn das nicht viele gute Gründe sind, sich einen Vierbeiner ins Haus zu holen.

Wahrscheinlich wird es Ihr erster eigener Hund sein, und Sie haben sich für dieses Buch entschieden, weil Sie von Anfang an alles richtig machen möchten? Vielleicht sind Sie auch noch unsicher, ob ein Hund zu Ihnen und in Ihr Leben passt, und Sie möchten sich bereits vor der endgültigen Entscheidung gut informieren? Oder geht es nicht mehr um die grundsätzliche Frage ob, sondern welcher Hund bei Ihnen einziehen soll? Wir möchten Sie an dieser Stelle beruhigen - allein die Tatsache, dass Sie sich mit diesen Fragen beschäftigen, zeigt schon, dass Sie wohl überlegt an die Anschaffung Ihres neuen Hausgenossen heran gehen, und das ist schon der erste wichtige Schritt auf dem Weg zu einer erfolgreichen und erfüllenden Mensch-Hund-Beziehung.

Hunde begleiten uns Menschen bereits seit Tausenden von Jahren. Wann genau der Übergang vom Stammvater Wolf zum Hund erfolgte, darüber finden Wissenschaftler immer wieder neue Erkenntnisse. Neuesten Untersuchungen zufolge soll das schon etwa 20000 bis 40000 Jahre zurück liegen - was für eine unvorstellbar lange gemeinsame Zeit.

Über die Frage, wie es zur Domestikation des Wolfes zum Haustier Hund kam, gibt es ebenfalls unterschiedliche Meinungen. Tatsächlich leben sowohl Wölfe als auch Menschen in sozialen Strukturen, die sich in vielerlei Hinsicht ähneln, was eine Annäherung beider durchaus erleichterte. Über die sehr lange Zeit des Zusammenlebens wurde der Mensch schließlich für die meisten Hundeformen zum wichtigsten Sozialpartner - kein anderes Haustier lebt heute in einer solch engen sozialen Bindung zum Menschen wie der Hund.

Daraus erwächst für uns Menschen natürlich auch eine große Verantwortung gegenüber unseren Hunden, und wir müssen dafür Sorge tragen, dass sie ihrer Art und ihren Bedürfnissen entsprechend mit uns

zusammenleben können. Der wohl wichtigste Schritt auf diesem Weg ist das Bemühen des Menschen, die natürlichen Verhaltensweisen des Hundes zu verstehen und so zu lenken, dass beide Seiten im Zusammenleben miteinander glücklich und zufrieden sein können.
Um dieses Verständnis zu erlangen und erfolgreich anzuwenden, damit aus Ihrem niedlichen Welpen schließlich ein wohlerzogener und glücklicher Hund werden kann, wird dieser Ratgeber Sie Schritt für Schritt begleiten. Zusammen mit Ihrem Vierbeiner werden Sie Stufe für Stufe der Welpen-Erziehung erfolgreich erklimmen und dabei die unvergleichliche Bindung zwischen sich und dem Vierbeiner kontinuierlich ausbauen und festigen.

Bevor wir uns an die erste Stufe unseres Trainings heranmachen, sollen aber noch ein paar grundsätzliche Fragen behandelt werden, die Sie sich bestenfalls schon lange vor dem tatsächlichen Einzug Ihres neuen Hausgenossen stellen sollten.

Überlegungen, bevor ein Hund einzieht

Die Anschaffung eines Hundes bedeutet zunächst einmal, Verantwortung zu übernehmen für ein lebendes Wesen, das Grundbedürfnisse hat, Emotionen empfindet, Bewegung und Beschäftigung braucht und vor allem eines: geliebt werden möchte! Diese Verantwortung ist somit groß und dauert ein ganzes Hundeleben lang, also durchaus 10-15, wenn man Glück hat sogar 16 oder 18 Jahre lang! Ein paar Wochen guter Vorbereitung und Planung sollten dieser Zeit vorausgehen.

Zeit

Ein ganz wichtiger Faktor ist Ihre Zeit, die Sie täglich mit dem Vierbeiner verbringen können. Ihr Hund ist ein intelligentes und sehr soziales Wesen, das je nach Rasse und Alter mehr oder weniger viel Bewegung und intensive Beschäftigung braucht, um gesund und glücklich zu sein. Mindestens eine Stunde täglich (je nach Energie-Level des Hundes aber auch deutlich mehr!) sollten Sie dafür vorsehen. Und in den ersten Tagen und Wochen nach dem Einzug des Welpen bei Ihnen müssen Sie sogar ständig anwesend sein - am besten planen Sie das rechtzeitig ein. Ein Hund, der den größten Teil des Tages alleine in einer Wohnung oder gar in einem Zwinger oder Schuppen verbringen muss, ohne soziale Kontakte zu seinen Menschen, ohne Auslauf und Spiel, wird früher oder später Verhaltensprobleme entwickeln. Gerade der Welpe und Junghund benötigt sehr viel Kontakt, Aufmerksamkeit und Beschäftigung, um sich zu einem entspannten, wohlerzogenen und vor allem glücklichen Hund zu entwickeln. Wenn Sie jeden Tag acht Stunden oder mehr außer Haus sind, Ihre Unabhängigkeit lieben, viel verreisen - dann ist ein Hund wahrscheinlich nicht das richtige Tier für Sie. Aber wenn Sie bereit sind, jeden Tag, auch bei schlechtem Wetter mit Ihrem Vierbeiner an die frische Luft zu gehen, mit ihm zu spielen, ihn zu trainieren und einfach für ihn da zu sein, dann werden Sie belohnt mit einer der innigsten Beziehungen, die Mensch und Tier eingehen können!

FAZIT: ZEITAUFWAND EINPLANEN

Einvernehmen

Sofern Sie nicht alleine leben und somit nur für sich selbst entscheiden müssen, sollten Sie vor der Anschaffung eines Hundes im Familienkreis bzw. mit Ihren Mitbewohnern darüber beraten. Der Hund wird schließlich mit allen Personen im Haushalt im engen Kontakt leben, und darum ist es sehr wichtig, dass auch alle damit einverstanden sind. Hat zum Beispiel jemand schon einmal schlechte Erfahrungen mit einem Hund gemacht und fürchtet sich nun vor allen Hunden, so muss dies Problem zumindest besprochen werden. Wahrscheinlich ist ein eigener Hund schließlich die beste „Medizin" gegen eine solche Phobie, aber der Betroffene muss bereit dazu sein, sonst steht die Mensch-Hund-Beziehung von Anfang an unter keinem guten Stern. Und allen Familienmitgliedern muss klar sein: Wer sich am meisten mit dem Hund beschäftigt, wird von ihm mit ziemlicher Sicherheit auch am ehesten als wichtigster Sozialpartner anerkannt. Wenn also die Kinder einen Hund haben wollen, sich dann aber nur nach Lust und Laune darum kümmern möchten, bleibt die Arbeit und damit die Verantwortung meist an Mutter oder Vater hängen, und denen wird der Hund dann auch hauptsächlich folgen. Generell können Kinder auch nicht die Hauptverantwortung für einen Hund tragen, das muss den Eltern schon vor der Anschaffung des Vierbeiners klar sein!

FAZIT: GEMEINSAM ENTSCHEIDEN

Gesundheit

Leiden Sie oder andere Mitglieder Ihres Haushaltes unter Allergien? Immer mehr Menschen sind von solchen Überreaktionen des Immunsystems betroffen, und nicht selten sind Tierhaare der Auslöser. Zahlreiche Hunde und auch Katzen werden alljährlich aus gesundheitlichen Gründen von ihren Besitzern abgegeben, ins Tierheim gebracht oder schlimmstenfalls sogar ausgesetzt. Bitte prüfen Sie daher rechtzeitig vor der Anschaffung eines Tieres, ob alle Mitbewohner gesundheitlich damit auch zurechtkommen. Am besten finden Sie das heraus, wenn Sie mit anderen Hundebesitzern in Kontakt treten und fragen, ob Sie deren Hund streicheln dürfen. Es sind allerdings mehrere Kontakte nötig, um eine Allergie auszulösen, daher ist es um so hilfreicher, je mehr Hundekontakte Sie haben. Möchten Sie sich einen Rassehund zulegen, dann suchen Sie rechtzeitig und in Ruhe nach einem seriösen und verantwortungsvollen Züchter - dieser wird Ihnen gerne gestatten, schon vor der endgültigen Übernahme eines Welpen seine Hunde kennenzulernen, und auch da wird sich zeigen, ob Sie und Ihre Familie das Hundefell vertragen. Gleiches gilt, wenn Sie einen Hund aus dem Tierheim aufnehmen wollen - die Tierschutzvereine freuen sich immer über ehrenamtliche Helfer oder Gassi-Geher, und auch so können Sie Ihre Hundeverträglichkeit auf die Probe stellen.

FAZIT: ALLERGIE AUSSCHLIESSEN

Wohnsituation

Sie wohnen im eigenen Haus mit Garten? Wunderbar, das sind schon einmal optimale Voraussetzungen für Ihren Hund. Aber ist der Garten auch hundesicher? Ist der Zaun hoch genug und auch nach unten abgesichert? Manche Hunde sind wahre Ausbrecherkönige und buddeln sich einfach durch. Haben Sie einen Teich, einen Pool oder schön gepflegte Blumenbeete? Auch die sollten Sie zumindest in der ersten Zeit hundesicher einfrieden.

Nicht jeder Hund benötigt natürlich unbedingt ein großes Haus mit eigenem Garten, um glücklich zu sein. Wenn Sie Ihrem tierischen Mitbewohner ansonsten genügend Auslauf und Beschäftigung verschaffen, macht er es sich auch in einer kleinen Etagenwohnung gemütlich - aber haben Sie mit dem Vermieter oder den anderen Eigentümern Ihrer Wohnanlage die Hundehaltung geklärt? Denn nur, wenn die offizielle

Erlaubnis vorliegt, dürfen Sie rein rechtlich einen Hund in Ihrer Wohnung halten, ganz egal wie klein er ist. Haben Sie die nicht, und ein Nachbar oder der Hauseigentümer geht gegen Ihre Hundehaltung vor, haben Sie vor Gericht kaum eine Chance und müssen sich schlimmstenfalls von Ihrem Hund trennen oder eine neue Wohnung suchen.

FAZIT: HAUS UND GARTEN HUNDESICHER MACHEN UND ERLAUBNIS ZUR HUNDEHALTUNG EINHOLEN

Urlaub

Verreisen Sie gerne? Vielleicht auch ins Ausland? Wie möchten Sie das in Zukunft mit Ihrem Hund gestalten? Natürlich kann ein Hund wunderbar mit in den Urlaub fahren, wenn das von Anfang an richtig geplant wird. Aber nicht jeder Vermieter einer Ferienwohnung oder jedes Hotel erlaubt Hunde. Also bitte unbedingt vorher abklären! Der Transport im eigenen Auto zum Urlaubsort sollte kein Problem sein, denn Autofahren ist Ihr Hund ja sicher gewohnt - aber bei Bahn- oder sogar Flugreisen muss schon eine genauere Planung her. Und auch das Urlaubsziel muss hundetauglich sein - zu große Hitze ist für den Hund eher ungeeignet. Wenn Sie im Urlaub einen Tauchlehrgang machen, den Segelschein oder das Skilaufen erlernen möchten, dann wird Ihr Hund Sie auch nicht begleiten können - also überlegen Sie sich rechtzeitig, wer sich um Ihren vierbeinigen Freund kümmern wird, während Sie nicht da sind. Bestenfalls können Sie gute Freunde oder Verwandte bitten, die der Hund bereits kennt. Soll er die Zeit in einer Hundepension verbringen (und bitte Vorsicht: nicht jeder Hund verkraftet so eine Trennung von Mensch und Zuhause unbeschadet), dann muss auch das langfristig im Voraus organisiert werden.

FAZIT: DEN HUND IN DIE URLAUBSPLANUNG EINSCHLIESSEN

Krankheit/Dienstreise

Es kann immer passieren, dass Sie kurzfristig verhindert sind und sich nicht um Ihren Hund kümmern können. Auch für solche Fälle sollten Sie vorausschauend einen Notfallplan haben. Wenn noch mehr Menschen zum Haushalt gehören, ist es wahrscheinlich kein Problem. Ansonsten sollten Sie Freunde oder Verwandte bitten, im Falle eines Falles einzuspringen. Machen Sie rechtzeitig den Hund und die Person miteinander vertraut, die sich um ihn kümmern wird, wenn dieser Notfallplan in Kraft treten muss. Je besser sich beide vorher schon kennen, desto einfacher wird Ihr Hund sich umstellen und die Zeit ohne Sie überstehen.

FAZIT: HUNDESITTER ANWERBEN

Finanzen

Ein Hund verursacht Kosten - das fängt schon bei der Anschaffung an, denn die Preise für Rassewelpen von seriösen Züchtern liegen zwischen 1000 und 3000 Euro. Ein Hund aus dem Tierheim ist deutlich günstiger, denn hier zahlt man eine sogenannte Schutzgebühr, die etwa zwischen 150 und 400 Euro liegen wird. Aber mit dem Kaufpreis ist es nicht getan, der Hund braucht auch Futter (hier sollten Sie nicht das billigste nehmen!) und Näpfe, Leinen, Halsbänder oder Geschirre, Spielzeug, einen Hundeplatz mit Kissen, Decke oder Körbchen. Für den sicheren Transport im Auto sollte eine Transportbox angeschafft werden. Regelmäßige (Impfungen, Wurmkuren, Gesundheits-Checks) und außerplanmäßige (Verletzungen, Krankheiten, Operationen) Tierarztbesuche, die Hundesteuer, eine Tierhalter-Haftpflichtversicherung, der Besuch einer Hundeschule, eventuell eine Tierkrankenversicherung, vielleicht die Unterbringung in der Hundepension im Urlaub kommen als laufende Kosten noch hinzu, so dass im Schnitt mindestens 80-100 Euro monatlich für den Hund eingeplant werden müssen. Wenn man alles zusammenrechnet, verursacht der Hund im Laufe seines Lebens also Kosten im fünfstelligen Bereich.

FAZIT: FINANZ-CHECK MACHEN

Das waren jetzt eine ganze Menge erhobene Zeigefinger - aber keine Sorge, wir sind auf Ihrer Seite und wollen Ihnen dabei helfen, Ihre Entscheidung für einen Hund von Anfang an zu einer der besten Ihres Lebens zu machen! Ab jetzt gehen wir fest davon aus, dass es nicht mehr um die Frage geht, ob ein Vierbeiner bei Ihnen einzieht, sondern wie das passiert.

Welcher Hund soll es sein?

Die Fédération Cynologique Internationale (FCI), der Weltverband der Rassehundezucht, erkennt derzeit knapp 350 verschiedene Hunderassen an; hinzu kommen noch weitere Rassen, welche bisher von diesem Verband nicht anerkannt werden oder dieses gar nicht anstreben, und natürlich die vielen Mischlinge, die keiner einzelnen Rasse zuzuordnen sind. Die kleinsten Hunde werden nur knappe 20 Zentimeter groß und wiegen nicht mal ein Kilogramm, die größten können eine Schulterhöhe von 90 Zentimetern oder ein Gewicht bis 100 Kilo erreichen! Es gibt Hunde mit kurzem Fell, strubbelige oder langhaarige, weiches Haar oder ganz festes, alle erdenklichen Farben und Farbkombinationen, Steh-, Kipp- oder Hängeohren, kurze oder lange Nasen, Hunde mit und ohne Schwanz und so weiter und so fort! Kaum zu glauben, dass diese vielen verschiedenen Hunde alle auf denselben Stammvater zurückgehen, nämlich den Wolf.

Über die vielen tausend Jahre, in denen wir Menschen die Hunde für uns nutzen und sie für unsere besonderen Zwecke züchten, entwickelten die einzelnen Rassen auch völlig unterschiedliche Wesenszüge und Verhaltensweisen - so gibt es Jagdhunde, Hütehunde, Vorstehhunde, Terrier, Pinscher, Apportierhunde, Windhunde, Gesellschaftshunde, um nur einige zu nennen. Wie also bei all der Vielzahl und Auswahl den richtigen Hund finden, der genau zu Ihnen und in Ihr Leben passt? Dazu sollten Sie sich zuallererst einmal im Klaren darüber sein, warum Sie überhaupt einen Hund haben möchten. Suchen Sie einen Familienhund, einen Wächter für Haus und Hof, einen aktiven Hund für gemeinsamen Hundesport, einen Jagdgebrauchshund, Schlitten- oder Hütehund, oder einfach einen netten Begleiter? Groß oder klein, Rüde oder Hündin, Rassehund oder Mischling, pflegeleicht oder aufwändig, seltene Rasse oder „Allerweltshund"? So viele Möglichkeiten…

Natürlich sollte Ihr zukünftiger Hausgenosse Ihnen gefallen - aber genau wie bei unseren zwischenmenschlichen Beziehungen, so gilt auch beim Hund, dass die inneren Werte wichtiger sein sollten als das Äußere. Die Chemie zwischen Ihnen und dem Hund muss stimmen! Über die vielen einzelnen Hunderassen gibt es unzählige Informationen, welche diese nach Aussehen und typischen Wesenszügen portraitieren, und das hilft Ihnen schon einmal dabei, eine erste Auswahl zu treffen. Noch besser ist es, wenn Sie die Rasse, welche Ihnen vorschwebt, auch im echten Leben kennenlernen können. Vielleicht gibt es ja einen solchen Hund in der Nachbarschaft, bei Freunden oder Verwandten? Dann scheuen Sie sich nicht, fragen Sie dem Hundehaltern Löcher in den Bauch, gehen vielleicht zusammen spazieren und erleben Ihren möglichen Traumhund in der Interaktion mit Menschen, anderen Hunden und Tieren, eben in Alltagssituationen. Und dann denken Sie bitte noch daran: Jeder Hund ist ein Individuum, das sich auf seine ganz spezielle Weise entwickelt und seine ganz eigene Persönlichkeit hat. Und so gibt es allen

Rassebeschreibungen zum Trotz denn auch vereinzelt den völlig tiefenentspannten Border Collie, den supersensiblen Rottweiler, den todesmutigen Chihuahua oder den hyperaktiven Bernhardiner. Darum ist es letztendlich am wichtigsten, dass Sie schließlich genau den einen Hund finden, der zu Ihnen und Ihren Vorstellungen am besten passt.

Es ist dabei ganz egal, ob Sie einen Hund aus dem Tierheim adoptieren oder sich beim Züchter einen Rassewelpen aussuchen - lassen Sie sich Zeit, entscheiden Sie nicht auf den ersten Blick, lernen Sie den Hund kennen und lassen Sie sich vom Züchter oder dem Tierheimpersonal etwas über sein Wesen erzählen. Wenn Sie unsicher sind, nehmen Sie vielleicht eine/n Bekannte/n mit, die/der schon hundeerfahren ist und lassen sich beraten. Tatsächlich geben die meisten Tierschutzvereine und auch ein verantwortungsvoller Züchter einen Hund nicht gleich an den erstbesten Interessenten, sondern fordern diesen auf, während der ersten Lebenswochen des Welpen mehrmals zu Besuch zu kommen und sich mit den kleinen Hunden und der Mutterhündin vertraut zu machen. Stellen Sie auch von sich aus viele Fragen, zu der Rasse im Allgemeinen, zu den Elterntieren und natürlich zu dem speziellen Welpen Ihrer Wahl. Wenn Sie mit Geduld und Ruhe an die Auswahl Ihres Hundes herangehen, werden Sie mit ziemlicher Sicherheit genau den Welpen finden, der zu Ihnen und Ihren Vorstellungen passt, und das große Abenteuer „Hund“ kann endlich losgehen.

Welpen werden auf allen erdenklichen Wegen zum Kauf angeboten: In Kleinanzeigen, auf Online-Plattformen und als Aushang am Schwarzen Brett - oft zu deutlich geringeren Preisen, als ein seriöser Hundezüchter für seine Welpen fordert. Die Verkäufer bieten an, den Welpen zu Ihnen nach Hause zu liefern oder Ihnen an einem vereinbarten Treffpunkt zu übergeben - bitte lassen Sie sich auf einen solchen Deal nicht ein! Niemals sollten Sie auf einem Tier-Markt oder aus dem Kofferraum eines dubiosen Hundehändlers einen Welpen unbekannter Herkunft kaufen, denn dahinter steckt fast immer grausame Tierquälerei: Hündinnen, die unter furchtbaren Bedingungen nur dazu gehalten werden, Nachwuchs zu „produzieren", und Welpen, die keinerlei medizinische Versorgung und auch keine wichtigen Sozialkontakte erfahren, meist viel zu früh von Mutter und Geschwistern getrennt werden, wobei der Tod vieler Tiere skrupellos und billigend in Kauf genommen wird, solange die Kasse stimmt! Die Tiere, die es schaffen zu überleben, leiden oft schon bald nach dem Kauf an akuten, schlimmstenfalls tödlich verlaufenden Krankheiten, sind verhaltensgestört oder bleiben zeitlebens ein Fall für den Tierarzt - und das ist unter dem Strich viel teurer als der Welpe aus einer seriösen und verantwortungsvollen Zucht.

Der folgende Stufenplan wird Ihnen dabei helfen, Ihrem Vierbeiner nach und nach mit viel Verständnis und Liebe zu zeigen, wie Sie sich das Zusammenleben mit ihm vorstellen und was Sie von ihm erwarten, ohne den kleinen Hund dabei zu überfordern. Mit Spaß und Freude lernt es sich schließlich viel besser als unter Druck und Zwang, und das gilt durchaus für beide Seiten.

Stufe Eins: Vertrauen aufbauen – Bindung festigen

Die wichtigste Voraussetzung dafür, dass Ihr Welpe sich zu einem selbstsicheren, wohlerzogenen Hund entwickeln kann, ist eine vertrauensvolle und innige Bindung zwischen Ihnen beiden. Eine solche Beziehung muss sich aber entwickeln, schließlich kennt der kleine Hund Sie ja bisher kaum oder gar nicht, denn er hat bislang zu seiner Mutter, den Geschwistern und der Familie des Züchters oder den Pflegern im Tierheim seine engsten Sozialkontakte gehabt. Diese Kontakte verliert er nun von einem Moment auf den anderen, darum ist er verständlicherweise sehr verunsichert - wenn Sie und Ihre Familie ihm jetzt Liebe und Geborgenheit vermitteln, ist das die beste Grundlage für eine enge Bindung und damit für ein vertrauensvolles Zusammenleben. Darum werden wir uns in den ersten Tagen, nachdem der Welpe bei Ihnen eingezogen ist, darum kümmern, diese Bindung aufzubauen und zu festigen.

Zeitplan für Stufe Eins: Etwa fünf bis acht Tage

Der Welpe kann kommen!

So, nun ist die Wahl gefallen und Sie haben sich entschieden, welcher Hund in Kürze bei Ihnen einziehen wird. Bei den ersten Besuchen haben

Sie beide sich schon etwas kennengelernt, und nun können Sie es kaum noch abwarten, dem Kleinen sein neues Zuhause zu zeigen. Natürlich ist die Zeit mit seiner Mutter und den Geschwistern für die Entwicklung eines Welpen unglaublich wichtig, denn schon in den ersten Lebenswochen lernt er sehr viele Verhaltensweisen, die er in seinem Hundeleben können muss. Ein guter Züchter wird auch dafür sorgen, dass seine Welpen bereits in diesen ersten Wochen einige Eindrücke von ihrer Umwelt sammeln können, indem sie zum Beispiel im Garten toben und spielen dürfen und auch bereits andere Menschen und Tiere kennenlernen. Daher sollte der Welpe mindestens acht, besser sogar zehn Wochen alt sein, bevor er die Kinderstube verlässt. Die sogenannte Sozialisierungsphase, während der ein Welpe die Fähigkeit erlernt, soziale Bindungen einzugehen, dauert etwa bis zur 16. Lebenswoche, daher ist dies der beste Zeitabschnitt, den kleinen Hund an seine neuen Bezugspersonen zu übergeben.

Die Grundausstattung

Sie hatten inzwischen Zeit, Ihr Haus bzw. die Wohnung und den Garten hundesicher zu machen, den Tierarzt Ihres Vertrauens auszusuchen und für die Erstausstattung des Welpen zu sorgen. Dazu gehören unbedingt:

- Hundefutter (am besten dieselbe Sorte, mit der auch der Züchter / das Tierheim die Welpen bislang gefüttert hat; nach einiger Zeit können Sie den Hund dann vorsichtig auch auf eine andere Futtersorte umstellen)
- Futter- und Wassernäpfe (diese sollten rutschfest sein und stabil genug, dass der Kleine sie nicht mit den spitzen Welpen-Zähnen zerlegen kann)

- Halsband und/oder Geschirr und Führleine (diese werden Sie je nach der endgültigen Größe Ihres Hundes sicher noch ein paarmal anpassen oder neu anschaffen müssen)
- lange Schleppleine (etwa zehn Meter Länge) für die Trainingsphase
- Hundetransportbox (hier empfiehlt es sich, das schnelle Wachstum des Hundes zu berücksichtigen; lieber eine Box mit variabel einsetzbarer Trennwand anschaffen, die auch dem größer werdenden Hund noch erlaubt, darin ungehindert aufzustehen oder sich ausgestreckt hinzulegen)
- Hundebett (hier gibt es von Kissen über Körbe bis zu richtigen Betten und Sofas eine Riesenauswahl; am Anfang können Sie wunderbar die Transportbox zu einer Schlafhöhle umfunktionieren, indem Sie diese mit weichen Decken und Handtüchern gemütlich machen, dann können Sie mit dem Kauf des Hundebettes warten, bis der Hund seine ungefähre End-Größe erreicht hat und auch nicht mehr alles anknabbert)
- Tür- oder Treppengitter (damit verhindern Sie, dass der Welpe in Räume gelangt, wo er nicht hinsoll, oder Treppen hinaufklettert bzw. herunterfallen kann)
- Welpen-Laufstall (damit schränken Sie den Aktionsradius Ihres Welpen in der ersten Zeit so ein, dass er sich nicht unbeaufsichtigt selbst in Gefahr bringen kann)
- Spielzeug (hier reichen zunächst zwei bis drei Gegenstände zur Auswahl, wie etwa ein Ball, ein Zerrspielzeug und ein robuster Kauartikel; wichtig ist, dass die Gegenstände der Größe des Hundes angepasst sind, er sie nicht verschlucken und auch nicht in verschluckbare Kleinteile zerbeißen kann)
- Pflegeartikel (je nach Fellbeschaffenheit Ihres Hundes sollten Sie Bürste, Kamm oder Striegel anschaffen und den kleinen Hund von Anfang an daran gewöhnen)

Der Hund muss einen Namen haben!

Auch über den Namen Ihres Vierbeiners haben Sie sich jetzt sicher schon Gedanken gemacht. Innerhalb der Familie sollte gemeinsam ein Hundename ausgesucht werden, damit nicht nachher jeder das Tier anders ruft. Natürlich bleibt es ganz allein Ihnen überlassen, wie Sie Ihren neuen Hausgenossen taufen, hier wird Ihnen kein Standesbeamter mit erhobenem Zeigefinger dreinreden. Für den Hund ist es nur wichtig, dass er seinen Namen mit sich selbst verbinden lernt und Sie ihn immer liebevoll und wohlwollend damit rufen. Vielleicht probieren Sie einige Namen einfach schon vor der Ankunft des Hundes im stillen Kämmerlein oder mit der Familie zusammen aus - dann merken Sie am besten, welcher sich leicht aussprechen und gut rufen lässt.

Signalwörter festlegen

Ganz wichtig ist es auch, sofern mehrere Personen mit dem Hund zusammenleben, dass Sie sich bereits vor seiner Ankunft untereinander einig sind, was Sie mit der Hundeerziehung erreichen möchten und wie Sie das anstellen. Der Welpe kann sich nur sicher und geborgen fühlen, wenn bei seiner Erziehung von allen Familienmitgliedern und Mitbewohnern eine einheitliche Linie verfolgt wird. Der Erfolg dieser Erziehung hängt also ganz entscheidend davon ab, wie konsequent und zielgerichtet ALLE daran mitarbeiten. Ihr Hund ist ein sehr intelligentes, feinfühliges Wesen, und er wird sehr schnell durchschauen, bei wem es sich lohnt, zu gehorchen, und bei wem er vielleicht machen kann, was er will.

Es macht an dieser Stelle Sinn, schon einmal die „Signalwörter“ für die wichtigsten Lernstufen und Übungen festzulegen, denn der Hund lernt am Anfang vor allem über das Gehör und Ihre Stimme - vielleicht malen und schreiben Sie gemeinsam ein großes Plakat, auf dem diese Grundkommandos festgehalten werden und das dann für alle gut sichtbar aufgehängt wird. Hier ein Beispiel (mit einer Auswahl an Signalwörtern, von denen Sie sich jeweils das für Sie passendste aussuchen sollten):

Signalwort	Bedeutung
Fein! Ja! (oder Ja Fein!) Brav! Gut gemacht! Toll!	Belobigung / Belohnung für alles, was der Hund gut und richtig macht
Pfui! Nein! Lass es!	Unterbrechung für alles, was der Hund nicht machen soll
Hier! (oder Hierher!) Komm!	Wenn der Hund zu Ihnen kommen soll
Schau! Guck! Look!	Wenn Sie die Aufmerksamkeit des Hundes auf sich lenken möchten
Sitz! Setzen! Sit!	Wenn der Hund sich hinsetzen soll
Platz! Liegen! Down!	Wenn der Hund sich hinlegen soll
Stopp! Steh! Halt!	Wenn der Hund stehen bleiben soll
Bleib! Warte! Stay!	Wenn der Hund am Platz bleiben soll
Fuß! (oder Bei Fuß!) Seite! Links!	Wenn der Hund neben Ihnen laufen soll
Aus! Gib! Lass!	Wenn der Hund etwas hergeben soll
Lauf! Los! Und Frei!	Wenn der Hund aus einer Übung entlassen wird

Achten Sie darauf, dass sich die einzelnen Signalwörter deutlich voneinander unterschieden - wenn zum Beispiel Ihr Belobigungswort „Fein!“ sein soll, wählen Sie als Unterbrechungswort nicht „Nein!“, da der Welpe zumindest am Anfang durch den ähnlichen Klang verwirrt sein könnte. Natürlich wird er sehr schnell lernen, auch den Tonfall und Klang Ihrer Stimme zu interpretieren, aber in den ersten Tagen und Wochen Ihres Zusammenlebens würde ihn das doch noch überfordern.

Die Heimfahrt

Nun endlich kommt der große Moment, und Sie holen Ihren Welpen beim Züchter oder im Tierheim ab. Idealerweise sollte die erste Fahrt ins neue Zuhause mit dem Auto erfolgen, um den kleinen Hund nicht gleich zu Beginn mit zu vielen neuen und lauten Eindrücken in Bahn oder Bus zu überfordern. Fahren Sie bitte mindestens zu zweit, damit sich eine Person um den Welpen kümmern und die andere ohne Ablenkung fahren kann. Die sicherste Transportart für den kleinen Hund ist in einer offenen Box oder Wanne, die in diesem Fall aber nur so groß sein darf, dass der Kleine darin nicht bei jeder Fahrbewegung hin und her geschleudert wird, und am besten mit alten Handtüchern und Zeitungen weich gepolstert ist. Setzen Sie sich mit der Box am besten auf den Rücksitz, so können Sie den Welpen mit Ihrer Stimme und durch Körperkontakt beruhigen.

Vor der Abfahrt sollte der Hund noch einmal die Möglichkeit haben, seine Blase und bestenfalls auch den Darm zu entleeren. Dauert die Rückfahrt länger, halten Sie auch regelmäßig mindestens einmal pro Stunde an, da die ganze Aufregung sicher dazu führen wird, dass Ihr neuer Hausgenosse öfter „mal muss“. Hier ist also bereits ein erstes Anleinen erforderlich, aber bitte erwarten Sie nicht, dass der Kleine schon brav an der Leine geht - das muss er wie fast alles andere in seinem jungen Leben erst lernen. Jetzt geht es nur darum, den Hund an einer ruhigen und sicheren Stelle am Straßenrand oder auf dem Rastplatz ins Gras zu setzen und abzuwarten, ob er sich von selber löst. Macht er keine Anstalten, dann packen Sie ihn nach ein paar Minuten einfach wieder ein und setzen die Fahrt fort. Passiert ihm ein Missgeschick in der Transportbox, ist das überhaupt nicht schlimm und kann einfach mit dem Zeitungspapier entfernt werden. Es kann auch sein, dass ihm durch die Autobewegungen übel wird und er sich erbricht - auch dann wird das Malheur einfach kommentarlos entfernt! Weder Bedauern noch Schimpfen kann im Moment an der Situation etwas ändern, der kleine Hund ist viel zu sehr mit all den neuen Eindrücken beschäftigt, die ihm natürlich auch Angst einflößen.

Im neuen Zuhause

Endlich zuhause angekommen, lassen Sie ihn zunächst im Garten oder auf einem Stück Rasen einen Moment laufen - natürlich kontrollieren Sie, wohin er sich bewegt. Nachdem er bestenfalls sein Geschäft draußen erledigt hat, tragen Sie den Welpen schließlich ins Haus. Innerhalb des Wohnbereichs sollten Sie den Kleinen nun erst einmal in Ruhe die neue Umgebung erkunden lassen, wobei alle Räume verschlossen werden, in die er zumindest am Anfang noch nicht kommen soll. Treppen innerhalb des Hauses haben Sie ja bereits mit Gittern gesichert, so dass er nicht hinunterfallen oder heraufklettern kann.

Ganz wichtig: Es sollten jetzt nicht alle Mitbewohner ein aufgeregtes „Hallo" veranstalten, denn die vielen neuen Eindrücke im Laufe dieses Tages haben den Kleinen ohnehin schon ziemlich angestrengt. Vorsichtige Kontaktaufnahme ist in Ordnung, aber am besten warten alle einfach ab, wie der Welpe sich verhält. Ist er neugierig und selbstsicher genug, wird er von sich aus seine neue Familie in Augenschein nehmen und sich die ersten Streicheleinheiten abholen. Neugierige Nachbarn, Freunde und Verwandte vertrösten Sie bitte um ein paar Tage!

Bieten Sie ihm eine Schale mit Wasser und auch bereits ein wenig von seinem gewohnten Futter an, denn je nach Länge der Fahrt hat er ja schon längere Zeit nichts mehr zu sich genommen. Zeigt er die ersten Anzeichen von Müdigkeit, dann lassen Sie ihn einfach schlafen, idealerweise in der gemütlich ausgepolsterten Box, die Sie für ihn angeschafft haben. Wenn er sich davor zunächst fürchtet, zwingen Sie ihn aber auf keinen Fall hinein, dann schläft er auf einer Decke oder einem Handtuch, aber auf jeden Fall so, dass Sie ihn im Blick behalten können. Es ist sehr wichtig, dass alle Mitbewohner, vor allem die Kinder, von Anfang an respektieren, dass der Hund an seinem Schlafplatz absolut in Ruhe gelassen werden muss! Das ist für die Entwicklung des Welpen genauso wichtig wie später beim erwachsenen Hund, der auch ein Anrecht auf seine Ruhe und seinen eigenen Bereich hat.

Sobald der Kleine nach diesem ersten Nickerchen im neuen Zuhause erwacht, tragen Sie ihn sofort (!) nach draußen an den Platz, wo er sich lösen kann. Bitte versuchen Sie nicht erst, ihn zu sich oder zur Gartentür zu locken, denn dann kann es schnell zu spät sein und die Pfütze oder das Häufchen landen auf dem guten Teppich. In den nächsten Tagen werden

Sie es immer so halten: Direkt nach der Futteraufnahme, sofort nach dem Aufwachen und immer, wenn er deutlich unruhig wird, nehmen Sie den Welpen kommentarlos auf den Arm, tragen ihn zu seinem Löseplatz im Garten und warten, bis er sein Geschäft erledigt hat.

In diesen ersten Stunden und Tagen in der neuen Umgebung und mit seinen neuen Bezugspersonen geht es uns ja vor allem darum, dass der kleine Welpe Vertrauen zu Ihnen fassen kann. Je mehr positive Erlebnisse er in dieser Zeit mit Ihnen und den anderen Familienmitgliedern hat, desto schneller und stärker wird dieses Vertrauen wachsen. Dazu zählt alles, was der Welpe als angenehm empfindet, also Streicheln, Kuscheln, gemeinsames Spielen, und natürlich auch das Futter und leckere Häppchen. Ganz entscheidend ist es auch, wie Sie mit ihm sprechen - Hunde sind sehr feinfühlig und merken genau, ob die Ansprache wohlwollend-liebevoll oder streng und distanziert klingt. Da der kleine Kerl bislang ja noch überhaupt nicht wissen kann, was Sie von ihm und seinem Verhalten erwarten, wird er auch nicht verstehen, wenn Sie ihn für irgendetwas tadeln, sei es durch Schimpfen oder Ignorieren. Das alles muss er ja erst noch lernen, und dazu kommen wir später. Jetzt geht es zunächst nur um eine enge Bindung!

An den Namen gewöhnen

Wie bei einem Kleinkind, so wechseln auch bei einem so jungen Welpen die wachen und aktiven Phasen über Tag immer wieder mit kurzen Schlafphasen ab. Nutzen Sie die Wachphasen, um sich intensiv mit dem kleinen Kerl zu beschäftigen. Bei allen direkten Kontakten, beim Streicheln und Kuscheln nennen Sie von nun an immer wieder einmal mit sanfter, leiser Stimme seinen Namen. Fordern Sie ihn zum Spielen auf und er kommt freudig angelaufen, sagen Sie seinen Namen. Geben Sie ihm sein Futter oder ein Häppchen, sagen Sie seinen Namen. So lernt er, dieses Wort mit sich selber zu verknüpfen und wird schon nach kurzer Zeit darauf reagieren und zu Ihnen hinschauen, wenn Sie den Namen aussprechen. Ist das der Fall, können Sie auch gleich das Belobigungswort einführen - wir nehmen hier beispielhaft das Wort „Fein“. Hat Ihr Welpe schon verstanden, wie sein Name ist, und schaut bei Ansprache zu Ihnen oder kommt sogar angelaufen, dann loben Sie ihn überschwänglich mit einem freudigen „Fein“.

Damit der Welpe seinen Namen immer mit positiver Energie verknüpft, sprechen Sie ihn bitte niemals in einer negativen Situation damit an. Kommt es zu einer solchen oder zeigt der Welpe ein Verhalten, das Sie nicht wünschen, dann unterbrechen Sie ihn durch positive Ablenkung. Beginnt er zum Beispiel, am Tischbein zu nagen oder den Teppich anzuknabbern, nehmen Sie schnell sein Spielzeug (zum Beispiel ein dickes Tau) und fordern ihn damit sehr auffällig zum Spielen auf. Sobald er sich vom Tischbein ab- und dem Spielzeug und Ihnen zuwendet, sagen Sie freudig seinen Namen und „Fein“ und belohnen ihn sofort mit einer kurzen gemeinsamen Spieleinheit. Würden Sie ihn in dieser Situation mit seinem ärgerlich ausgesprochenen Namen für das ungewünschte Verhalten tadeln, könnte er das gar nicht verstehen, weil er noch nicht wissen kann, dass Tischbeine und Teppiche für ihn keine Knabber-Objekte sind. Er lernt daraus höchstens, dass sein Name mit Ärger verbunden ist, und wird unsicher. Über die Ablenkung und positive Verstärkung des gewünschten Verhaltens ist der Lerneffekt für den Hund viel größer, und gleichzeitig wird sein Vertrauen in Sie gefestigt.

Damit Sie jederzeit rechtzeitig eingreifen können, ist es sinnvoll, den Hund in der ersten Zeit möglichst immer im Blick zu behalten. Das geht am besten, wenn er sich immer im selben Raum aufhält wie Sie oder ein anderes Familienmitglied, das ebenso weiß, wie zu reagieren ist. Wenn das für kurze Zeitintervalle nicht möglich ist, müssen Sie seinen Aktionsradius begrenzen können - entweder haben Sie einen abgesperrten Bereich, in den Sie ihn kurz setzen können (hier ist ein Welpen-Laufstall praktisch, in dem er sich mit seinem Spielzeug kurz beschäftigen kann), oder Sie gewöhnen ihn von Anfang an daran, sich auch in seiner Hundetransportbox sicher und zufrieden zu fühlen.

Die Hunde-Box

Die Hunde-Box ist ein wichtiges Utensil, das sowohl für den sicheren Transport des Hundes im Auto als auch für die Welpen-Erziehung unverzichtbar ist. Sie muss so groß sein, dass der ausgewachsene Hund sich darin bequem ausgestreckt hinlegen und auch aufrecht stehen kann. Nun ist Ihr Welpe ja noch lange nicht ausgewachsen, daher ist ihm die Box am Anfang für die Autofahrten noch viel zu groß. Es gibt Boxen, die mittels einer Trennwand in der Größe variabel angepasst werden können. Alternativ nutzen Sie für notwendige Autofahrten zunächst eine kleinere Box. Die große Box können Sie aber bereits wunderbar im Haus einsetzen, denn darin kann der Welpe einen kuscheligen Schlafplatz finden und auch tagsüber kurzfristig sicher untergebracht werden, wenn Sie ihn gerade nicht beaufsichtigen können. Ganz wichtig ist es also, ihn so früh wie möglich an diese Box zu gewöhnen.

Bereiten Sie dem Hund in der Box einen gemütlichen Platz mit Decken, Hundekissen oder alten Handtüchern. Auch hier sollte der Raum innerhalb der Box nicht zu groß sein, denn je kleiner und gemütlicher der Ruhe- und Schlafplatz ist, desto weniger wird der Welpe diesen beschmutzen, was wiederum wichtig für die Erziehung zur Stubenreinheit ist. Gehört Ihr Hund zu einer großwüchsigen Rasse und Sie haben daher eine große Box gekauft, dann können Sie diese am Anfang beispielsweise auch mit Hilfe eines Kartons verkleinern, den Sie so in der Box platzieren, dass die Öffnung des Kartons sich direkt vor der Tür der Hunde-Box befindet, und Sie den Karton innerhalb der Box rutschfest fixieren. Am Anfang legen Sie ein Spielzeug und ein paar Leckerchen in die Box, während Ihr Welpe dabei zusieht, und fordern ihn dann freundlich und animierend dazu auf, in die Box zu schauen. Zunächst wird er vorsichtig sein und vielleicht nur mit langem Hals die Leckerei herausangeln. Egal, Sie loben ihn überschwänglich mit „Fein" und einer kurzen Spieleinheit. Probieren Sie es dann wieder, und diesmal legen Sie das Leckerchen so, dass er es nicht von außen erreichen kann, sondern zumindest mit den Vorderbeinen in die Kiste steigen muss. Hat das geklappt, loben und belohnen Sie wieder. Auf diese Weise machen Sie weiter, bis der Welpe sich komplett in die Box traut. Nun können Sie auch kurz so mit ihm spielen, dass er dabei in der Box bleibt und Sie direkt davorsitzen. Vielleicht legt der Kleine sich sogar schon einmal kurz in der Box hin und beschäftigt sich mit seinem Spielzeug, dann schließen Sie für einen kurzen Moment die Boxen-Tür, bleiben aber davorsitzen. Wird er unruhig oder steht auf, öffnen Sie sofort wieder, lassen ihn herausklettern und loben wieder intensiv. Nun lassen Sie die Boxen-Tür einfach offen, so dass der Hund selber hinein und heraus klettern kann, wie er möchte.

Wenn Sie dann bemerken, dass die nächste Müdigkeitsphase einsetzt, bringen Sie den Welpen erst noch einmal nach draußen, wo er sich lösen kann (auch dabei können Sie inzwischen bei Erfolg schon mit dem Belobigungswort „Fein" das gewünschte Verhalten in dem Moment bestärken, wo er sich hinhockt und sein kleines oder großes Geschäft macht), und tragen ihn danach sofort zur Box, in der wieder das Spielzeug und ein Leckerchen liegen. Setzen Sie ihn nun aktiv direkt in die Box - bestenfalls legt er sich nun hin und schläft, dann können Sie die Boxen-Tür schließen. Sobald er wieder aufwacht, wird die Tür geöffnet, und der Kleine wird erneut in den Garten bzw. auf den Rasen getragen.

Haben Sie den Moment des Aufwachens verpasst und er jammert in der geschlossenen Box, dann gehen Sie zunächst hin, sprechen ihn freundlich an, und während er sich über das Wiedersehen freut, warten Sie kurz ab, bevor Sie die Tür öffnen - ansonsten lernt er schnell, dass die Tür geöffnet wird, wenn er jammert, und das ist natürlich nicht unser Ziel.

Die ersten Nächte

Irgendwann ist es auch am ersten, aufregenden Tag mit Ihrem neuen Hausgenossen Zeit, schlafen zu gehen. Bisher hat der Welpe wahrscheinlich noch niemals eine Nacht ganz alleine verbracht, immer waren seine Mutter und die Geschwister bei ihm. Da er wahrscheinlich auch noch keine ganze Nacht durchhalten kann und „mal muss", müssen Sie ihn hören und reagieren können. Also nehmen Sie ihn für die ersten Nächte, bis er sich an alle neuen Eindrücke und den Tagesablauf gewöhnt hat, entweder mit zu sich ans Bett, oder Sie schlafen auf einem Behelfsbett in unmittelbarer Nähe seines Hundeplatzes. Keine Sorge, selbst wenn Sie nicht wollen, dass Ihr Vierbeiner für alle Zeiten mit in Ihrem Schlafzimmer schläft, ist das für den Anfang die beste Lösung, denn Ihre Nähe wird ihn beruhigen.

Auf jeden Fall bringen Sie den Hund vor dem Schlafengehen noch einmal hinaus an seinen Löseplatz. Die Nacht verbringt er dann bestenfalls in der Hunde-Box bei geschlossener Tür (daher ist die rasche Gewöhnung möglichst schon am Tag der Ankunft sinnvoll), zumindest aber in einer Kiste oder Wanne, aus der er nicht selber hinausklettern kann. Je begrenzter der Schlafplatz ist, desto weniger Möglichkeit hat der Hund, sein dringendes Geschäft dort zur verrichten, denn selbst in der Wurfkiste haben die Welpen mit zunehmender Beweglichkeit bereits instinktiv damit begonnen, sich vom Liegeplatz zu entfernen und nicht das eigene Nest zu beschmutzen. Wenn er also aufwacht und muss, wird er unruhig sein und fiepen oder jaulen, dann nehmen Sie ihn aus der Kiste, bringen ihn möglichst ohne viel Kommunikation hinaus, loben ihn bei Erfolg, und dann geht es wieder ab in die Schlafkiste. Vermeiden Sie unbedingt, diese nächtlichen Ausflüge für den Welpen zu spannend oder interessant zu gestalten, sonst weckt er Sie in Zukunft einfach nur, weil es so spaßig ist und er beschäftigt werden möchte. Nachts wird weder gespielt noch gefressen, und auch im Garten sollten Sie ihn nicht lange herumschnüffeln lassen. Zur Not bekommt er auch dort nur einen kleinen Bereich auf dem Rasen abgeteilt, auf dem er sich lösen kann. Lediglich ein kleines Leckerchen in der Schlafkiste kann ihm zeigen, dass er alles toll gemacht hat und sich nun wieder einkuscheln kann. So nervig es sein kann - wenn er nun jammert, weil er Langeweile hat und Beschäftigung möchte, dann ignorieren Sie ihn! War er draußen und hat sich gelöst, gibt es keinen Grund für nächtliche Wachphasen, und das lernt er am schnellsten, wenn ihm nicht nachgegeben wird.

Eine Hundeerziehung mit Druck, Strenge und körperlicher Züchtigung ist antiquiert und wird glücklicherweise heutzutage von fortschrittlichen Hundetrainern abgelehnt. Ein Hund, der so trainiert wurde, reagiert meist nur und funktioniert, weil er Angst hat oder zumindest nur durch negative Verknüpfung gelernt hat, was er tun oder nicht tun soll. Unser Wissen über die Verhaltensweisen der Hunde ist mittlerweile viel weiter fortgeschritten, und wir haben verstanden, dass Lernen über positive Reize bei unseren Vierbeinern viel effektiver und langfristiger ist. Ein Vertrauensverhältnis zwischen Hund und Halter kann nur durch einen angstfreien Umgang miteinander wachsen.

Schimpfen, laute Worte oder gar körperliche Bestrafung bringen Sie also in der Erziehung Ihres Welpen überhaupt nicht weiter, sie führen nur dazu, das bisher aufgebaute Vertrauen wieder ins Wanken zu bringen - der kleine Kerl weiß noch nicht, was Sie von ihm erwarten, und er lernt am besten und schnellsten, indem Sie das gewünschte Verhalten immer positiv bestärken und das unerwünschte einfach ignorieren oder unterbrechen.

Sie werden schnell sehen, wie sich Ihr Hund freut, wenn er etwas richtig macht und dafür belobigt oder sogar mit einer Leckerei oder einer kurzen Spielsequenz belohnt wird. Loben können Sie einfach mit Ihrer Stimme und einem freudigen, überschwänglichen Tonfall. Als Leckerchen eignet sich zum einen das normale Hundefutter, von dem Sie einen Teil der Tagesration als „Belohnungshappen“ abzweigen können; für besondere Leistungen sollte es aber auch eine besondere Leckerei geben, etwa einen kleinen Käsewürfel oder ein kleines (!) Stückchen Fleisch. Und ein gemeinsames Spiel, etwa als Apportierspiel mit einem Ball oder als Zerrspiel mit einem Tau, ist für die meisten Welpen eine ganz besonders attraktive Belohnung - beachten Sie dabei aber, dass immer Sie das Spiel auch wieder beenden und nicht der Hund, weil er keine Lust mehr hat. Ein gemeinsames Spiel mit seinem Menschen wird so für den Welpen zum Besten, was er mit seinem Verhalten erreichen kann.

Wie schnell ein Welpe stubenrein wird, lässt sich nicht vorhersagen. Es kommt unter anderem darauf an, wie alt er ist, wenn er bei Ihnen einzieht (da machen zwei Wochen zwischen der achten und zehnten Lebenswoche schon ganz viel aus), und ob vielleicht auch beim Züchter schon darauf geachtet wurde, dass die Kleinen möglichst nicht immer und überall hinmachen konnten. Früher oder später lernt aber jeder

Hund, wie, wann und wo er seine Geschäfte erledigen soll und darf, und je konsequenter Sie in den ersten Tagen handeln, desto schneller wird Ihr Welpe begreifen, was Sie von ihm erwarten. Jedes Lob und jede positive Bestärkung des richtigen Verhaltens bringt Sie und ihn schneller zum Erfolg. Und geht in der ersten Zeit doch ein kleines oder großes Geschäft auf den Fußboden, dann entfernen Sie es kommentarlos (bestenfalls bekommt Ihr Hund das gar nicht mit) und waschen die Stelle gründlich ab, damit sich möglichst kein Geruch dort festsetzen und den Welpen vielleicht erneut animieren kann, dort hinzumachen.

Leine und Halsband oder Geschirr

In diesen ersten Tagen im neuen Zuhause haben wir uns nur darauf konzentriert, die Vertrauensbasis zu stärken und die emotionale Bindung zwischen Ihrem Welpen und Ihnen und Ihrer Familie aufzubauen. Er sollte sich erst einmal in der neuen Umgebung eingewöhnen und den Tagesrhythmus kennenlernen. Sofern ein Garten zum Haus gehört, sind Spaziergänge in dieser Zeit noch gar nicht nötig und würden im Gegenteil den kleinen Hund eher überfordern. Viele Welpen sind noch zu unsicher und haben Angst, den gerade frisch erkundeten Bereich ihres neuen Zuhauses schon wieder zu verlassen. Haben Sie keinen eigenen Garten und müssen für jedes Geschäft mit dem Welpen hinaus in einen öffentlichen Bereich, wo er sich lösen kann, dann ist die Gewöhnung an Leine und Halsband/Geschirr natürlich wichtiger und muss bereits am ersten gemeinsamen Tag begonnen werden. Die Vorgehensweise ist aber dieselbe:

Viele Züchter legen ihren Welpen bereits direkt nach der Geburt kleine farbige Halsbänder an, um die einzelnen Hundebabys unterschieden zu können. Meist haben sie solche Farbbänder in unterschiedlichen Größen, so dass auch die größer werdenden Welpen tatsächlich immer farblich an ihrem Halsband zu erkennen sind. War das auch bei Ihrem Welpen so, dann ist er also an das Tragen eines Halsbandes schon gewöhnt. In diesem Fall sollten Sie ihm auch gleich in der neuen Umgebung ein passendes, leichtes Halsband umbinden, das er tagsüber einfach anbehält.

Aber auch, wenn Ihr Welpe noch keine Bekanntschaft mit einem Halsband gemacht hat, wird er sich schnell daran gewöhnen, wenn Sie ihm ein solches leichtes Welpen-Band umbinden. Verbinden Sie das Anlegen des Bandes immer mit etwas Positivem, beispielsweise einem Leckerli. Will er sich am Anfang daran kratzen, um das ungewohnte Ding loszuwerden, dann lenken Sie ihn einfach mit einem kurzen, interessanten Spiel ab oder kuscheln Sie ausgiebig mit ihm. Schnell hat er das ungewohnte Band um den Hals vergessen und wird es bestenfalls nicht mehr beachten. Fängt er doch wieder an, sich zu kratzen - ablenken! Genauso verfahren Sie, wenn Ihr Hund statt eines Halsbandes ein Geschirr tragen lernen soll. Für die Nacht werden aber Halsband oder Geschirr wieder abgenommen, damit der Welpe ungehindert schlafen kann.

Das Anlegen der Leine am Halsband ist aber für die meisten Welpen neu und ungewohnt, begrenzt es doch auf völlig neue Weise ihre Bewegungsfreiheit. Mancher kleine Hund gebärdet sich dann ängstlich, bockig oder wild und ist weit entfernt davon, fröhlich an der Leine zu laufen. Darum lassen Sie ihn diese Leine erst einmal in Ruhe kennenlernen. Legen Sie das unbekannte Objekt zuerst einfach neben sich auf den Boden und lassen ihn daran schnuppern. Traut er sich heran, sagen Sie „Fein". Dann bewegen Sie die Leine etwas auf dem Boden, wahrscheinlich schreckt er nun zurück. Halten Sie wieder still, und wenn er neugierig herankommt und schnuppert, sagen Sie wieder „Fein". Will er in die Leine beißen oder daran zerren, nehmen Sie diese kommentarlos weg und geben ihm ein Spielzeug, mit dem Sie ihn in einem kurzen Spiel ablenken. In nächsten Schritt befestigen Sie die Leine am Halsband und lassen ihn nun in der Wohnung mit der Leine herumlaufen. Wirkt er ängstlich oder irritiert, lenken Sie ihn ab, aber die Leine bleibt dran. Diese ganze Übung sollte nach einigen Minuten beendet werden, wird aber mehrfach über den Tag verteilt wiederholt. Sobald Sie den Hund nicht mehr beaufsichtigen können, muss die Leine entfernt werden, damit er weder darauf herumkauen noch damit irgendwo hängenbleiben kann. Immer, wenn Sie den Hund ableinen, loben Sie ihn wieder mit „Fein". Bei der zweiten oder dritten Übungseinheit nehmen Sie die Leine schon in die Hand und bewegen sich ein paar Schritte in der Wohnung, wobei Sie den Hund sehr einladend auffordern, neben Ihnen herzulaufen. Macht er das freudig und ohne Bedenken, belohnen Sie ihn wieder durch ein kurzes Spiel oder ein Leckerli und „Fein". Auf diese Weise haben Sie schon nach kurzer Zeit Ihren Hund an die Leine gewöhnt, und wenn dann der erste kleine Ausflug in die große weite Welt ansteht, haben Sie ihn sicher „an der Strippe", ohne dass er sich davor ängstigen muss.

An den Alltag gewöhnen

In diesen ersten Tagen, nachdem der Welpe bei Ihnen eingezogen ist, geht bei aller Freude über das neue Familienmitglied Ihr Alltag natürlich weiter. Zwar haben Sie es so geregelt, dass Sie oder ein anderes Haushaltsmitglied ständig da ist und der Kleine in der Eingewöhnungszeit nicht alleine bleiben muss. Aber sicher klingelt zwischendurch das Telefon oder Sie schalten abends den Fernseher ein, Ihre Küchenmaschine wird benutzt oder Sie wollen staubsaugen - das alles sind Geräusche, die der Welpe vielleicht noch nie in seinem kurzen Leben gehört hat. Sofern Sie es beeinflussen können, gehen Sie immer schrittweise vor, um ihn nicht durch laute Geräusche oder ungewohnte Situationen zu erschrecken. Den Staubsauger kann er beispielsweise erst einmal in Ruhe beschnuppern, bevor Sie diesen schließlich in Gang setzen. Auch die laute Küchenmaschine oder einen dröhnenden Basslautsprecher sollten Sie nicht unvermittelt einschalten. Am besten ist es, wenn das Einschalten und die langsame Lautstärkesteigerung eine andere Person übernehmen kann, während Sie den Welpen in einem intensiven Spiel ablenken. Stutzt er bei Einsetzen des Geräusches, reagieren Sie darauf gar nicht und spielen einfach weiter. Je unaufgeregter Ihre Reaktion ausfällt, desto eher wird der Welpe das Geräusch als gefahrlos akzeptieren. Reagiert er sehr ängstlich und unterbricht das Spiel, wird die Geräuschquelle erst einmal ausgeschaltet, das Spiel aber nicht fortgeführt, da Sie ihn sonst für sein Angstverhalten belohnen würden. Probieren Sie es nach ein paar Minuten erneut. Entspannt sich der Hund schließlich, spielen Sie eine kurze Zeit weiter, beenden dann das Spiel und übernehmen selber das Einschalten der Geräuschquelle, ohne auf den Hund weiter einzugehen. So lernt der Welpe in kurzer Zeit, dass er nichts zu befürchten hat.

Erfolgreicher Abschluss von Stufe Eins:

Das wichtigste Ziel dieser ersten Stufe auf Ihrem gemeinsamen Weg war es, eine vertrauensvolle und innige Bindung zwischen Ihrem Welpen und Ihnen aufzubauen. Da jeder Hund seinen eigenen Charakter hat und sich individuell entwickelt, dauert diese erste Phase des Kennenlernens von Welpe zu Welpe unterschiedlich lange. Nach etwa fünf bis acht Tagen sollten Sie aber merken, dass der kleine Hund sich bei Ihnen und in seinem neuen Zuhause wohl fühlt und Sie als seine Bezugspersonen und Sozialpartner anerkennt. Je mehr Zuspruch und positive Bestärkung er durch Sie und Ihre Familie erfahren hat, desto sicherer fühlt er sich inzwischen. Dann kann es weitergehen und Sie treten zusammen in die nächste Trainingsphase ein.

Stufe Zwei: Die ersten Kommandos und Trainingseinheiten

Nun ist Ihr Welpe mental bereit für neue Aufgaben. Er kennt sich in seinem Zuhause aus, hat sich in Ihren Tagesablauf eingefunden und fühlt sich in der Gegenwart von Ihnen und Ihrer Familie sicher. Es wird also Zeit, mit der Erziehung zu beginnen - wobei das eigentlich nicht ganz richtig ist, denn in Stufe Eins haben Sie bereits sehr gute Erziehungsarbeit geleistet. Der Welpe hat viel positive Bestärkung bekommen für alles, was er gut und richtig gemacht hat, er kennt seinen Namen, freut sich über das Belobigungswort und ist sicher auch schon fast stubenrein. Glückwunsch, das haben Sie beide richtig gut gemacht! Nun geht es los mit den ersten Kommandos - wie Sie diese richtig geben, wie der Hund lernt, sie zu verstehen und zu befolgen. Und auch die große weite Welt wird er nun mehr und mehr kennenlernen und sich mit Ihnen als seinem sicheren Rückhalt auch bald angstfrei darin bewegen.

Zeitplan für Stufe Zwei: Etwa sieben bis zehn Tage

Das Kommen auf Kommando

Die sicherlich wichtigste Lektion, die Ihr Welpe jetzt lernen muss, ist das Kommen auf Ruf und Kommando. In den nächsten Tagen wird sich der

Aktionsradius für Sie beide enorm erweitern, denn Sie werden mit dem Hund Ausflüge in die Umgebung außerhalb des eigenen Gartens unternehmen. Vielleicht beginnt demnächst der Welpen-Kurs in der Hundeschule, zu dem Sie sich vorausschauend bereits vor dem Einzug Ihres Welpen angemeldet haben? Jedenfalls gibt es nun viele Gelegenheiten, bei denen es sehr wichtig ist, dass Ihr Hund nicht nur hört, wann und wie Sie ihn rufen, sondern auch weiß, was er dann machen soll. Viele Hundehalter machen den Fehler, ihren Vierbeiner nur bei seinem Namen zu rufen und dann zu erwarten, dass er zu ihnen kommt. Aber wenn Sie einmal überlegen, wie oft und in welch unterschiedlichen Situationen Sie Ihren Hund mit seinem Namen ansprechen, wird Ihnen schnell klar werden, dass der Name alleine für ihn nicht die Signalwirkung haben kann, die für das sofortige und kompromisslose Kommen auf Ruf notwendig ist. Um seine Aufmerksamkeit zu erregen, ist die Ansprache mit dem Namen richtig, aber dann muss ein bestimmtes Signalwort ihm klar anzeigen, was nun von ihm erwartet wird.

Zunächst üben Sie das Kommen auf Kommando in der Sicherheit der eigenen vier Wände. Hier kennt sich der Kleine ja inzwischen bestens aus und fühlt sich sicher. Für die ersten Übungseinheiten achten Sie darauf, dass die Umgebung möglichst keine Ablenkungen für den Welpen bietet. Halten Sie nun einige besonders attraktive Leckereien für Ihren Hund bereit, die erste davon befindet sich bereits in Ihrer Hand. An seinen Namen hat er sich ja inzwischen gewöhnt, und Sie sprechen ihn nun in freundlich-aufforderndem Tonfall damit an. Eventuell gehen Sie in die Hocke und breiten einladend die Arme aus. Sobald er nun auf Sie zuläuft, sagen Sie klar und freudig das Kommandowort, zum Beispiel „Hier!". Sobald er bei Ihnen ankommt, wird er sofort (!) mit dem Leckerli, Streicheln und dem Belohnungswort „Fein!" sehr ausgiebig gelobt. Dabei sind nun zwei Dinge ganz wichtig: Sie sprechen das Kommando „Hier!" erst in dem Moment aus, wenn Sie die volle Aufmerksamkeit des Welpen haben und er bereits auf Sie zuläuft, und Sie belohnen sein Kommen sofort in dem Moment, wenn er bei Ihnen ankommt!

Diesen Übungsablauf wiederholen Sie nun einige Male kurz hintereinander. Dazu müssen Sie sich natürlich jedes Mal erst vom Hund entfernen, um ihn wieder zu sich rufen zu können. Am einfachsten funktioniert das, wenn eine zweite Person bei dieser Übung hilft und den Welpen jeweils kurz festhält. Ansonsten beenden Sie nach ausgiebigem Lob Ihre Interaktion und warten immer so lange, bis der Kleine sich wieder mit etwas anderem (zum Beispiel einem Spielzeug) beschäftigt und Sie sich ein paar Schritte entfernen können. Dann nehmen Sie, für den Welpen möglichst unauffällig, das nächste Leckerchen in die Hand, sprechen ihn wieder mit seinem Namen an, sagen freudig das Kommando-Wort in dem Moment, wo er Ihnen die volle Aufmerksamkeit schenkt und auf Sie zuläuft, und belohnen ihn ausgiebig, sobald er ganz bei Ihnen angekommen ist. Nach etwa fünf, maximal zehn Minuten beenden Sie die Übung nach einem geglückten Versuch und ausgiebiger Belohnung.

In den nächsten Tagen führen Sie diese Übung nun immer zwischendurch für ein paar Minuten durch. Auch, wenn der Kleine seine Mahlzeiten bekommt, können Sie die Übung einbauen, indem Sie ihn mit dem Futternapf locken und wieder das Kommandowort deutlich sprechen, wenn er auf Sie zugelaufen kommt. Die Belohnung ist nun sein Futter. Wann immer der Welpe sich ab jetzt freudig und zielgerichtet auf Sie zubewegt, reagieren Sie möglichst begeistert und erfreut, sagen jedes Mal „Hier!“, wenn er kurz vor Ihnen ist und belohnen ihn sofort und überschwänglich. Haben Sie nicht immer ein Leckerchen parat, dann wird eben sehr ausgiebig gestreichelt und mit „Fein!“ und der Stimme gelobt. Sie werden sehen, wie schnell der Hund lernt, auf Ihren Zuruf zu kommen, wenn das immer zu solch tollen Belohnungen führt.

Damit sich ein Kommando wirklich beim Hund einprägt und er seine Bedeutung verstehen lernt und verinnerlicht, braucht es allerdings viele Wiederholungen und positive Erfahrungen im Zusammenhang mit diesem Kommando. Ganz besonders beim Kommen auf Kommando müssen Sie als Rufender ein besonderes Fingerspitzengefühl dafür entwickeln, ob der Welpe tatsächlich gerade vorhat, auf direktem Wege zu Ihnen zu laufen. Würde er kurz vorher doch noch abbiegen und sein Lieblingsspielzeug schnappen oder im Bogen an Ihnen vorbeirennen, wäre der Effekt des Kommandorufes verpufft. Daher ist es vor allem für die ersten Übungseinheiten sehr wichtig, dass der Welpe möglichst nicht abgelenkt wird und auch keine anderen interessanten Objekte auf dem Weg zu Ihnen seinen Lauf stoppen können. Erst, wenn Sie nach einigen Tagen und zahlreichen Trainingsrunden das Gefühl haben, dass der Kleine verstanden hat, was das „Hier!" bedeutet und dass er sich immer supertoll fühlt, wenn er es befolgt, können Sie die Übung langsam auch unter Ablenkung versuchen. Dafür brauchen Sie wieder tolle, außergewöhnliche Belohnungshäppchen. Lassen Sie zum Beispiel Familienangehörige mit dem Welpen knuddeln oder spielen, oder gehen Sie in den Garten und lassen ihn dort erst auf eine kleine Entdeckungsreise gehen. Dann sprechen Sie ihn wieder sehr freudig-erwartungsvoll mit seinem Namen an, gehen in die Hocke, und wenn er alles stehen und liegen lässt und auf Sie zueilt, kommt das Kommando „Hier!" und bei Ankunft die leckere Belohnung und „Fein!".

Wenn er sich zu sehr ablenken lässt oder nicht sofort auf seinen Namen reagiert, hilft meist folgender Trick: Sie bewegen sich schnell und mit auffälligen Bewegungen, möglichst auch mit aufgeregten Rufen wie zum Beispiel „Eieiei, schau, was ist denn da?" von Ihrem Welpen weg. Wichtig ist, dass Sie seine Aufmerksamkeit erregen, also seien Sie wirklich auffällig! Sobald er das mitbekommt, wird er vor lauter Neugierde hinter Ihnen herlaufen, und sobald er das tut, drehen Sie sich zu ihm um, gehen mit ausgebreiteten Armen in die Hocke, rufen begeistert „Hier!“ und nehmen ihn freudig-lobend in Empfang. Achten Sie aber immer darauf, dass der Hund auch wirklich kommen kann - wenn er draußen gerade sein Geschäft erledigt oder nach einer aufregenden Wachphase vor Müdigkeit fast umfällt, kann er sich nicht auf Ihr Rufen konzentrieren. Sie müssen also immer den Überblick über die aktuelle Situation behalten und dürfen ein Kommando nur dann geben, wenn Sie sicher sind, dass der Welpe es verstehen und befolgen kann.

Ganz wichtig für den Lernerfolg Ihres Welpen ist es auch, dass Sie die Kommandos immer klar, deutlich und prägnant geben. Ein einmaliges, kurzes „Hier!“ mit langgezogenem „ie“ ist für den Hund viel besser und leichter zu verstehen als ein „FifikommhierjetztkommhierhernunkommhierzumirbraverHundhier...“. Bestimmt erkennen Sie schon selber den Unterschied? Bitte weisen Sie auch Ihre Familienmitglieder an, den Welpen nicht mit langen Wortfolgen zu bombardieren!

Generell sollte eine Übung und ein neues Kommando immer von der Hauptbezugsperson des Hundes eingeführt und trainiert werden, und erst wenn der Hund im Ansatz verstanden hat, was er machen soll, können auch weitere Personen aus seinem direkten Umfeld in die Trainingseinheiten einbezogen werden. Weisen Sie dazu diese Personen entsprechend ein, damit auch sie immer erst im richtigen Moment das Kommando geben und den Hund punktgenau loben, wenn er alles richtig gemacht hat. Nur wenn alle an einem Strang ziehen und dasselbe Ziel verfolgen, wird die Hundeerziehung erfolgreich sein.

Der Blickkontakt auf Kommando

Für eine zielführende Kommunikation mit Ihrem Hund ist es wichtig, dass Sie jederzeit seine volle Aufmerksamkeit haben, bevor Sie ein Kommando geben. Bislang haben wir dazu mit seinem Namen gearbeitet, den er ja bereits in den ersten Tagen im neuen Zuhause gelernt hat. Dieser Name wird aber das ganze Hundeleben lang in vielen Zusammenhängen genannt, in denen es nicht immer und ausschließlich ums Gehorchen gehen wird. Sicher kommunizieren Sie mit Ihrem Partner, den Kindern oder anderen Menschen auch nicht nur über deren Namen, sondern Sie sagen zum Beispiel: „Peter, schau mal bitte…“ oder „Marie, sieh doch nur…“ - nun wird es also Zeit, auch für Ihren Hund ein spezielles Signalwort einzuführen, damit er Sie ganz konzentriert ansieht.

In vielen älteren Hunde-Erziehungsratgebern findet man Aussagen wie: „Schaue einem Hund nie direkt in die Augen, denn das versteht er als Drohung und reagiert mit Aggression“ oder auch „Der direkte, drohende Blick in die Augen des Hundes ist eine Dominanzgeste, und der Hund schaut schließlich unterwürfig zur Seite“. Glauben Sie solchen antiquierten Ratschlägen nicht - Hunde kommunizieren genau wie Menschen sehr viel über Blickkontakt, und Ihr Welpe wird Ihnen oft aufmerksam in die Augen blicken, um zu sehen, in welcher Stimmung Sie gerade sind. Zwischen Ihnen beiden herrscht ja bereits ein enges Vertrauensverhältnis, und somit wird der Kleine Ihren Blick nicht als bedrohlich empfinden. Natürlich sollen Sie ihn nicht „in Grund und Boden starren“, sondern ihn zur Kontaktaufnahme freundlich und wohlwollend anschauen. Aber genau so sollten Sie in einer Situation, in der Ihr Hund nicht das Verhalten zeigt, was er soll, oder sich sogar gerade absolut danebenbenimmt, mit einem strengen, unwilligen Gesichtsausdruck reagieren.

Am schnellsten können Sie die Aufmerksamkeit Ihres Welpen auf sich lenken, wenn Sie ein spannendes Geräusch machen, zum Beispiel kurz mit der Zunge schnalzen oder leise pfeifen. Dabei muss der Hund sich möglichst nah vor Ihnen befinden. Schaut er Sie jetzt gespannt direkt an, halten Sie kurz seinen Blick, loben mit „Fein!“ und geben ihm sofort ein Leckerchen. Wenn er nicht lange genug konzentriert in Ihre Augen sieht, halten Sie die Leckerei einfach direkt vor Ihr Kinn, oder Sie gehen in die Hocke und halten es vor Ihre Nase. So wird der Kleine den Happen fixieren und gleichzeitig in Ihre Augen blicken. Nun sagen Sie das Signalwort, zum Beispiel „Schau!“, und belohnen ihn. Nach ein paar erfolgreichen Wiederholungen nehmen Sie das nächste Belohnungshäppchen unauffällig in die andere Hand, zeigen mit dem Zeigefinger der nun leeren Hand auf Ihre Augen und sagen wieder „Schau!“, sobald der Hund Sie direkt ansieht. Nun bekommt er die Belohnung mit der anderen Hand. Auf diese Weise lernt er, dass mit „Schau!“ nicht gemeint ist, den Leckerbissen zu fixieren, sondern in Ihre Augen zu blicken. Achten Sie darauf, dass er die Belohnung immer bekommt, wenn er Sie noch anschaut, und nicht erst, wenn er den Blick schon wieder abgewendet hat.

Diese Übung festigen Sie nun, indem Sie langsam den Abstand zwischen sich und dem Welpen vergrößern. Waren Sie vorher in der Hocke, richten Sie sich nun auf, dann treten Sie ein bis zwei Schritte zurück, bis der Hund auch aus einem gewissen Abstand in Ihre Augen blickt, wenn Sie „Schau!“ sagen. Auch dafür braucht es viele Wiederholungen, und bitte verlieren Sie niemals die Geduld. Wenn der gewünschte Erfolg einmal ausbleibt, müssen Sie in den Übungsschritten einfach wieder einen Schritt zurück machen, also etwa die Distanz verringern, die Belohnung wieder vor das Gesicht halten oder wieder in die Hocke gehen. Es hängt auch vom Temperament und Charakter des einzelnen Hundes ab, wie schnell er ein bestimmtes Kommando lernt und das gewünschte Verhalten verlässlich zeigt.

Das Unterbrechen unerwünschten Verhaltens

In den ersten Tagen des Zusammenlebens mit Ihrem Hund haben Sie ihn entweder abgelenkt, wenn er etwas gemacht hat, was er nicht soll (zum Beispiel am Teppich oder Tischbein nagen), oder Sie haben einfach verhindert, dass er so etwas überhaupt machen konnte (durch konsequentes Beaufsichtigen oder kurzes Einsperren im Welpen-Laufstall oder der Hunde-Box). Nun wird es Zeit für die Einführung des Signalwortes, mit dem Sie dem Vierbeiner in Zukunft unmissverständlich klar machen können, dass er ein Verhalten entweder sofort beenden oder besser gar nicht beginnen soll. Ein solches Wort erfordert zunächst einen deutlich anderen Tonfall als zum Beispiel das Belobigungswort oder der Hundename. Sprechen Sie das Unterbrechungswort immer mit möglichst tiefer, strenger Stimme, ohne dabei aber unbedingt laut zu werden (eine laute Stimme wird schnell schrill und ist nicht mehr so gut zu verstehen). Gut eignet sich zum Beispiel „Pfui!", was sich sehr prägnant und schnell aussprechen lässt. Üben Sie ruhig erst einmal ohne den Welpen, denn Sie müssen lernen, sehr schnell zwischen einem strengen, scharfen „Pfui!" und einem freudig-hellen, begeisterten „Fein!" zu wechseln, wenn der Hund das unerwünschte Verhalten stoppt und stattdessen macht, was er soll. Will er also doch wieder am Teppich kauen oder das Tischbein anknabbern, sagen Sie streng, aber nicht laut „Pfui!", lenken ihn gleichzeitig mit seinem Spielzeug ab und loben ihn freudig mit „Fein!", wenn er stattdessen das Tau oder den Ball nimmt.

Ganz wichtig ist es wie immer, dass Sie konsequent handeln. Möchten Sie nicht, dass der erwachsene Hund Sie später anspringt, dann erlauben Sie dem Welpen das jetzt auch nicht, sagen streng „Pfui!" und wenden sich sofort von ihm ab, wenn er es versucht. Sobald er brav am Boden bleibt, loben Sie ihn wieder mit „Fein!". Soll er bei Tisch nicht daneben sitzen und jeden Ihrer Bissen schmachtend verfolgen, sagen Sie streng

„Pfui!“ und loben ihn, sobald er sich ablegt. Auf diese Weise nutzen Sie das Prinzip der positiven Bestärkung, über das wir in Stufe Eins bereits gesprochen haben, und Ihr Hund wird schnell merken, dass er mit unerwünschtem Verhalten nicht weiterkommt.

Das Hinsetzen auf Kommando

Parallel zu den bereits eingeführten Signalwörtern und Kommandos starten Sie mit der nächsten Übung, aber bitte immer zeitlich versetzt. Wenn es also in einer Trainingseinheit einige Minuten lang um das Kommen auf Ruf geht, machen Sie danach erst eine längere Pause, bevor Sie mit einer neuen Einheit und einem neuen Kommando starten. In diesen ersten Tagen von Stufe Zwei sollten Sie die neuen Kommandos auch noch nicht zusammen anwenden - geht es in einer Übungsphase um das Kommen auf Ruf, muss der Welpe nicht auch noch sitzen, wenn er bei Ihnen ankommt. Und geht es um das Sitzen, locken Sie ihn zu sich oder leinen ihn sogar locker an, ohne dass er zuerst mit „Hier!“ gerufen wird. Eine Kombination aus beiden Kommandos werden wir erst versuchen, sobald der Welpe beide Einzelkommandos sicher verstanden hat.

Für das Hinsetzen auf Kommando beginnen Sie wieder mit besonders begehrten Leckerchen. Während der Welpe vor Ihnen steht, halten Sie ihm eines davon kurz mit Daumen und Zeigefinger direkt vor die Nase und führen dann Ihre Hand in einer fließenden Bewegung dicht über seinen Kopf. Versucht er, nach der Hand zu springen oder sich zu drehen, bleibt das Leckerchen natürlich fest verschlossen in Ihrer Hand. Er wird schließlich mit der Nase dem Wohlgeruch folgen, den Kopf dabei nach oben und hinten recken und sich automatisch hinsetzen. Genau in diesem Moment sagen Sie deutlich das Kommandowort, zum Beispiel „Sitz!“ und belohnen ihn sofort, bevor er wieder aufstehen kann.

Wenn Sie immer gleichzeitig mit der Gabe eines Belohnungshäppchens auch das lobende „Fein!“ sagen, können Sie mit zunehmender Sicherheit in den einzelnen Übungen die Leckerchen immer öfter zunächst durch das normale Hundefutter ersetzen, schließlich weglassen und nur durch „Fein!“ und freudigen Tonfall belohnen. Am Anfang und bis zu dem Punkt, an dem der Welpe den Sinn eines neuen Kommandos verstanden hat, führt aber die Belohnung über mehrere Sinne am schnellsten zum Erfolg. Und auch später ist es sinnvoll, den Hund immer zwischendurch einmal in unregelmäßigen Abständen besonders zu belohnen, entweder mit einer speziellen Leckerei oder auch mit einer kurzen Spieleinheit - so bleibt das gemeinsame Lernen für Ihren Vierbeiner spannend und interessant, weil immer mal eine besondere Belohnung dabei herausspringen kann.

Sie wissen ja inzwischen, dass der Welpe viele Wiederholungen braucht, um ein Kommando sicher zu verstehen und zu befolgen. Also bauen Sie nun über den Tag verteilt immer kurze Sequenzen ein, in denen eines der neuen Signalwörter geübt wird. Jede Sequenz dauert nur fünf bis höchstens zehn Minuten. Für den Welpen ist es toll, wenn sich an eine solche „Schulstunde“ immer ein kurzes gemeinsames Spiel anschließt, mit dem er aus der Konzentration des Lernens entlassen wird. Dafür reichen bereits wenige Sekunden Ballspiel oder Zerren mit dem Hunde-Tau aus. So ist der Abschluss immer positiv, was seine Lernmotivation deutlich erhöhen wird. Wie bei Kindern im ersten Kindergartenjahr, so kann sich auch der Welpe mit seinen neun oder zehn Wochen Lebensalter noch nicht lange am Stück konzentrieren, daher braucht er viele kurze Übungseinheiten und dazwischen lange Pausen. Auch an die Ruhephasen müssen Sie denken, um ihn nicht zu überfordern. Wenn Sie in dieser Stufe Zwei zunächst zwei- bis dreimal täglich fünf Minuten „Hier!“ üben und zeitversetzt zwei- bis dreimal täglich fünf Minuten „Sitz!“, dann hat Ihr kleiner Vierbeiner schon richtig viel Kopfarbeit geleistet.

Der erste Spaziergang

Nachdem Ihr neues Familienmitglied in den ersten Tagen nur Ihre Familie, das neue Zuhause und den dazugehörigen Garten oder eventuell den Rasen vor dem Haus kennengelernt hat, wird es nun Zeit, ihm mehr von der Welt zu zeigen. In diesen ersten Lebenswochen ist es entscheidend wichtig, dem kleinen Hund möglichst viele unterschiedliche Eindrücke zu verschaffen - dazu gehören Gegenstände, Geräusche, Menschen, Tiere, andere Hunde, aber auch Situationen, die in Ihrem Alltagsleben vielleicht ganz normal sind, sich aber für den Welpen noch absolut neu, unbekannt und damit zunächst oft angsteinflößend darstellen.

Während der sogenannten Sozialisierungsphase lernt ein Welpe besonders leicht und schnell. Sie beginnt bereits im Alter von etwa drei Wochen, sobald die Welpen ihre Augen öffnen und beweglicher werden, und endet ungefähr in der 16.-18. Lebenswoche. Daher ist es wichtig, dass schon der Züchter oder das Tierheimpersonal den kleinen Welpen viele unterschiedliche Erfahrungen ermöglichen. Das können beispielsweise mehrere unterschiedliche Spielobjekte im Welpen-Auslauf sein: ein Bälle-Bad, ein Tunnel, Baumstümpfe, ein kleines Zelt, ein Heuballen, Pappkartons, verschiedene Untergründe, eine kleine Rampe usw., aber auch vielfältige Umgebungsgeräusche wie Autos, spielende Kinder, Musik, raschelndes Papier oder ein scheppernder Eimer. Auch der Umgang mit mehreren unterschiedlichen Personen - Männer, Frauen, Kinder, in unterschiedlicher Kleidung, mit Requisiten wie Kinderwagen, Regenschirm, Hut oder Fahrrad - und möglichst auch anderen Tieren helfen, den Welpen schon früh zahlreiche positive Erfahrungen machen zu lassen und ihm Sicherheit zu vermitteln.

Im neuen Zuhause geht es dann mit der Sozialisierung weiter, denn hier trifft der kleine Hund wieder auf völlig neue Eindrücke, die er bisher nicht kannte. Damit er sich aber sicher fühlt und weiß, dass seine neuen Menschen ihm Rückhalt geben und er sich jederzeit bei Unsicherheit auf sie verlassen kann, ist der intensive Bindungsaufbau in den allerersten Tagen des Zusammenlebens so wichtig. Mit dem starken Vertrauen, das er nun in Sie als sein verlässlicher Sozialpartner bereits hat, kann er sich neuen Herausforderungen stellen, etwa neue Menschen kennenlernen oder die Welt außerhalb des sicheren Zuhauses erkunden. Allem, was der Kleine jetzt angstfrei kennenlernt, wird er später als erwachsener Hund souverän und ohne Angst begegnen. Was während der Sozialisierungsphase aber verpasst wird, kann später nur schwer nachgeholt werden und lässt den Hund in unbekannten Situationen dann unsicher, unangemessen oder sogar aggressiv reagieren.

Jetzt ist auch ein besonders guter Zeitpunkt, um mit dem Welpen einer Spielgruppe in einer guten Hundeschule beizutreten. In einem solchen Welpen-Kurs sollten nicht mehr als fünf bis sechs ungefähr gleichaltrige Welpen unterschiedlicher Rasse mit ihren Menschen ein- bis zweimal pro Woche zusammenkommen und unter fachlicher Anleitung einer/eines erfahrenen Trainerin/Trainers spielerisch fürs Leben lernen.

Die ersten Spaziergänge außerhalb der bereits bekannten Umgebung mit Ihrem Welpen stehen einfach nur unter dem Motto „Die Umwelt entdecken". Verbinden Sie diese allerersten Ausflüge noch nicht mit Trainingseinheiten für die neu erlernten Kommandos, das würde den Welpen überfordern. Packen Sie genügend Leckerchen ein und auch das Lieblingsspielzeug Ihres Hundes. Wenn Sie im Stadtrandbereich oder auf dem Land wohnen, haben Sie sicher die Möglichkeit, zunächst dort mit dem Hund hinzugehen, wo nicht zu viele Eindrücke auf ihn einstürmen, also etwa eine große Wiese, ein abgeerntetes Feld oder ein stiller Waldweg. Leben Sie mitten in der Stadt, packen Sie den Kleinen am besten ins Auto und fahren ein Stückchen aus dem Trubel hinaus, zumindest suchen Sie eine ruhigere Straße oder einen Park auf und gehen nicht gerade zur Rushhour los. An sein Halsband oder Geschirr und die Leine haben Sie den Welpen ja bereits gewöhnt, denn diese muss er sicherheitshalber tragen. Trotz größter Vorsicht Ihrerseits kann es immer passieren, dass ein plötzliches Geräusch oder ein unvorhersehbares Ereignis den Hund erschreckt und er vor Angst flüchten will. Sofern die Umgebung es zulässt, können Sie statt der kurzen Führleine auch die lange Schleppleine am Halsband/Geschirr befestigen, dann fühlt es sich für den Welpen an wie Freilauf, Sie haben ihn aber jederzeit sicher im Griff.

Starten Sie den Erkundungsgang mit der Gabe eines Leckerchens und geben Sie ihm in unregelmäßigen Abständen immer wieder ein kleines Häppchen. Je nach Temperament und Selbstbewusstsein Ihres Hundes wird er die neue Umgebung forsch und neugierig oder eher zurückhaltend und vorsichtig bestaunen. Reagiert er sehr ängstlich, zieht den Schwanz ein, krümmt den Rücken und will partout nicht weiter, dann gehen Sie kurz in die Hocke und locken ihn zum Beispiel mit seinem Spielzeug. Klappt auch das nicht, nehmen Sie ihn einfach kommentarlos auf den Arm, tragen ihn ein Stück weiter und versuchen es erneut. Macht er ein paar vorsichtige Schritte, gibt es ein Belohnungshäppchen. Viele Welpen fühlen sich am Anfang nur in der gewohnten Umgebung des Hauses oder der Wohnung sicher und mögen sich davon nicht entfernen. Solange der Weg zurück für den Hund noch erkennbar ist, drängt er dorthin. Daher kann es für solche Welpen einfacher sein, die neuen Eindrücke auf sich zukommen zu lassen, wenn Sie sich zunächst mit dem Auto oder zumindest mit dem Kleinen auf dem Arm so weit davon entfernen, dass er nicht zurückkann. Auf keinen Fall dürfen Sie dem Drängen des Hundes aber sofort nachgeben oder ihn ausgiebig bedauern und mit Streicheln zu beruhigen versuchen - dadurch lernt der Welpe nur, dass er belohnt wird, wenn er Angst zeigt, und dass Sie immer sofort mit ihm zurück gehen, wenn er nicht weiter will!

Wenn Sie schließlich für etwa 10 bis 15 Minuten mit ihm an lockerer Leine laufen konnten und er sich sichtlich entspannt oder sogar schon neugierig hier und da geschnüffelt hat, reicht es für den Anfang. Brechen Sie von nun an einfach mehrmals am Tag zu solch kleinen Ausflügen auf und steigern Sie die Dauer dabei langsam. Sie werden sehen, wie Ihr kleiner Vierbeiner von Mal zu Mal sicherer wird und es ihm schließlich Spaß macht, mit Ihnen zusammen Neues zu entdecken. Wechseln Sie auch die Umgebung, nun darf es gerne auch schon etwas belebter werden, zum Beispiel auf dem Weg zum Bäcker, entlang einer normal befahrenen Straße, vielleicht vorbei am Pausenhof der Grundschule oder des Kindergartens. Lassen Sie sich jedes Mal etwas Neues einfallen, und achten Sie immer sehr genau auf die Reaktionen Ihres Hundes - wird er wieder sehr ängstlich, rudern Sie einfach eine Stufe zurück. Und wenn ein unvorhergesehenes Ereignis eintritt - etwa die laut knallende Fehlzündung eines vorbeifahrenden Autos, der Düsenjäger am Himmel, der Rettungswagen mit Martinshorn, der grollende Donner eines aufziehenden Gewitters - helfen Sie Ihrem Hund am besten, sich zu entspannen, wenn Sie selber sich völlig normal verhalten und weder dem Geräusch noch dem ängstlichen Welpen allzu viel Aufmerksamkeit schenken. Gehen Sie einfach weiter, als wäre das alles ganz normal, denn genau das ist es ja auch und wird Ihrem Hund noch oft im Leben begegnen.

Bei allen Eindrücken, die auf diesen ersten Spaziergängen auf den Welpen einstürmen, soll er dennoch immer auf Sie achten. Deshalb ändern Sie möglichst häufig spontan Ihre Richtung, biegen nach rechts oder links ab, drehen auch mal um und gehen wieder ein Stück zurück - der Kleine wird Ihnen folgen. Sind Sie in weitläufigem und ungefährlichem Gebiet unterwegs, dann lassen Sie die Schleppleine einfach lang durchhängen, damit der Kleine das Gefühl hat, frei zu laufen. Vor allem, wenn er Ihnen vorauseilt und scheinbar gar nicht mehr auf Sie achtet, machen Sie einen spontanen Richtungswechsel von ihm weg - sobald er merkt, dass Sie nicht mehr auf seiner Linie sind, wird er sich beeilen, Ihnen zu folgen. Und je öfter Sie das machen, desto mehr wird er sich darauf konzentrieren, wo Sie hingehen, denn er will Sie ja nicht verlieren. Auf diese Weise werden Sie dem Hund auch das Zerren an der Leine von Anfang an abgewöhnen, denn immer, wenn er Sie nach vorne ziehen will, wechseln Sie einfach die Richtung. Und selbst, wenn Sie den Hund nur an der Führleine halten, funktionieren solche spontanen Richtungswechsel wunderbar, um die Aufmerksamkeit des Welpen wieder auf Sie zu lenken.

Fährt Ihr kleiner Vierbeiner schon problemlos im Auto mit? Für manch einen Welpen ist das Auto ein unheimlicher, lärmender Kasten, der sich unvorhersehbar bewegt und in dem er noch dazu bei der Trennung von Mutter und Geschwistern in eine unbekannte Zukunft transportiert wurde. Zeigt Ihr Hund deutliche Angst vor dem Auto, sollten Sie ihn langsam und in Etappen daran gewöhnen. Das klappt am besten, wenn Sie bei den ersten

Versuchen noch nicht wirklich irgendwo hinfahren müssen. Wie bei der Gewöhnung an die Hundebox, lassen Sie auch hier den Hund zunächst am Auto schnuppern, im nächsten Schritt locken Sie ihn mit guten Leckereien an das Vehikel heran, dann setzen Sie sich mit ihm zusammen kurz hinein, auch da wird er ausgiebig für seinen Mut belohnt. Sobald der Kleine sich stressfrei mit Ihnen ins Auto setzt, bitten Sie eine zweite Person um Hilfe, um das Auto schließlich zu starten und dann auch eine erste kurze Strecke zu fahren, während Sie bei Ihrem Hund sitzen. Auf diese Weise lernt der Welpe, dass Autofahren für ihn keine Bedrohung bedeutet, sondern im Gegenteil oft mit tollen Erlebnissen und Ausflügen verbunden ist. Ab jetzt sollte der Hund im Wagen entsprechend gesichert werden, am besten in der Transportbox, die Sie zu diesem Zweck angeschafft haben. Dann können Sie in Zukunft auch alleine mit ihm fahren.

Der erste Tierarztbesuch

Sicher steht in diesen Tagen auch ein erster Besuch beim Tierarzt an - ebenfalls eine wichtige Erfahrung für Ihren Hund, denn hier muss er noch öfter in seinem Hundeleben hin. Ungewohnte Gerüche, die auf ihn einstürmen, das Stehen auf dem Behandlungstisch, die zum Teil unangenehmen Berührungen durch einen fremden Menschen - all das löst bei vielen Hunden Unbehagen oder gar Angst aus. Da lohnt es sich, die ersten Kontakte zwischen Hund und Tierarzt möglichst positiv zu gestalten. Fragen Sie doch einfach, ob Sie ein- oder zweimal mit dem Welpen vorbeikommen können, ohne dass eine Behandlung oder die nächste Auffrischungsimpfung anstehen. Bei der Gelegenheit lernt der Hund den Tierarzt kennen, bekommt von diesem ein paar tolle

Leckerchen (bringen Sie ruhig die Lieblingsleckerei Ihres Vierbeiners mit), wird schon einmal auf den Behandlungstisch gesetzt und lernt, dass es hier eigentlich ganz prima und der Mann/die Frau im Kittel echt nett zu ihm ist. Bestenfalls kommt Ihr Hund ab jetzt sogar gerne zum Tierarzt - ist Ihr Vierbeiner aber ein besonders sensibles Seelchen, seien Sie nicht enttäuscht, wenn er dennoch ängstlich ist, schon im Wartezimmer zittert und die erste Gelegenheit nutzen will, die Praxis wieder zu verlassen. Auch mancher menschliche Kraftprotz wird beim Zahnarzt plötzlich ganz klein mit Hut - da hilft auch alle Vernunft und gutes Zureden nichts. Bleiben Sie einfach so entspannt und normal wie möglich, damit vermitteln Sie Ihrem Hund, dass die Situation jetzt einfach durchgestanden werden muss.

Begegnungen mit anderen Hunden

Viele Hundehalter haben Bedenken, ihren Welpen in Kontakt mit anderen Hunden kommen zu lassen. Häufig kann man beobachten, wie solchen Begegnungen ausgewichen wird, indem der Halter den Welpen auf den Arm nimmt oder ihn hektisch an der Leine wegzieht. Zur Begründung bekommt man zum Teil abenteuerliche Erklärungen zu hören wie „Mein Hund soll mich als Rudelpartner akzeptieren und nicht die anderen Hunde!“ oder „Ich habe Angst, dass er gebissen wird!“. Wird einem jungen Hund auf diese Weise jeder Kontakt zu Artgenossen verwehrt, sind aber Verhaltensprobleme beim ausgewachsenen Hund praktisch vorprogrammiert - entweder in Form von überängstlichem Verhalten bei Hundebegegnungen oder mit gesteigertem Aggressionsverhalten, wann immer ein anderer Hund auftaucht.

Hunde haben im Laufe der vielen Tausend Jahre, die sie bereits als Haustiere gehalten werden, eine außergewöhnlich enge Bindung an den Menschen entwickelt. Tatsächlich sind wir zum wichtigsten Sozialpartner für sie geworden, so dass man bei einem Welpen, der bereits beim Züchter oder im Tierheim engen Kontakt zu Menschen erlebt und eine gute Bindung zu seinem Besitzer aufgebaut hat, wirklich keine Angst haben muss, ihn als Partner an andere Hunde zu verlieren. Und gerade, weil wir Zweibeiner für einen normal entwickelten Hund immer die erste Wahl als Sozialpartner sind, ist es wichtig, dass ein junger Hund während der Sozialisierungsphase lernt, seinen Artgenossen angstfrei, aber auch respektvoll zu begegnen.

Der überwiegende Anteil der Hunde, denen Sie mit Ihrem Welpen begegnen werden, will Ihren kleinen Vierbeiner auch nicht beißen oder ernsthaft verletzen - immer vorausgesetzt, sie haben selber eine gute Kinderstube genossen und sind ausreichend mit Artgenossen sozialisiert worden. Aber natürlich gibt es auch unter Hunden Rüpel, Krawallmacher oder gar wirklich aggressive Kandidaten, denen man mit seinem Welpen besser aus dem Wege geht. Hier müssen Sie tatsächlich ihrem Gefühl und gesunden Menschenverstand vertrauen, und zur Not fragen Sie den anderen Hundehalter. Im Zweifelsfall vermeiden Sie eine solche Hundebegegnung. Ist der andere Hund deutlich größer und kräftiger, verhält sich auffällig, ist an kurzer Leine oder zeigt im Spiel mit anderen Hunden eine sehr raue Spielweise, dann tun Sie gut daran, Ihren Welpen nicht mit ihm zusammenkommen zu lassen. Bestenfalls verhindern Sie eine solche Begegnung aber so, dass Ihr Welpe das gar nicht bemerkt, etwa indem Sie rechtzeitig eine andere Richtung einschlagen oder Ihren Hund ablenken. Wird ein junger Hund aber immer hochgehoben oder jedes Mal an der Leine weggezerrt, wenn ein Artgenosse am Horizont auftaucht, dann lernt er daraus, dass andere Hunde etwas Bedrohliches sind und sein Mensch offenbar Angst hat. Die Folge wird sein, dass der Hund entweder selber ängstlich jedem anderen Hund begegnet oder sich dazu berufen fühlt, seinen Menschen gegen andere Vierbeiner vehement zu verteidigen.

Unter der - sehr wichtigen - Voraussetzung, dass Ihr Welpe mit den nötigen Grundimpfungen gegen die gefährlichsten Hundeinfektionskrankheiten geschützt ist, lassen Sie also dosierte Kontakte mit Artgenossen zu. Vielleicht kennen Sie ja auch andere Hundehalter, mit denen Sie sich zu gemeinsamen Spaziergängen treffen können. Und sehr gut eignen sich auch die professionell angeleiteten Welpen-Gruppen in einer guten Hundeschule, um Ihrem Hund die Begegnung mit anderen Vierbeinern zu ermöglichen. Neben dem ausgelassenen Spiel der Welpen miteinander werden hier bereits in spielerischer Form Grundkommandos geübt und wichtige Umwelterfahrungen gemacht, und auch ältere, verträgliche Hunde werden in die Erziehungsarbeit mit den Welpen eingebunden. So lernen die Kleinen ganz nebenbei von den Großen auch noch „normale" Hundekommunikation.

Alleinbleiben üben

Bis jetzt erhält Ihr kleiner Hund wahrscheinlich noch eine Rund-um-die-Uhr-Betreuung durch Sie und Ihre Familie. Das kann natürlich nicht die nächsten 15 Jahre so bleiben, also muss der Vierbeiner langsam daran gewöhnt werden, auch mal alleine zu bleiben. Dazu sollte er anfangs in seinem Aktionsradius eingeschränkt werden, damit er weder Unfug machen noch sich selbst in Gefahr bringen kann. Und selbst später muss der erwachsene Hund, wenn er alleine zuhause bleiben muss, nicht unbedingt ungehinderten Zugang zu jedem Raum im Haus erhalten. Das alles ist wieder eine Frage der rechtzeitigen und konsequenten Gewöhnung. Wenn Sie nicht wollen, dass der Hund heimlich auf das Sofa klettert, lassen Sie ihn nicht ins Wohnzimmer, wenn niemand zuhause ist.

Erste Übungen zum Alleinbleiben ergeben sich täglich, etwa wenn Sie kurz zum Briefkasten gehen, etwas aus dem Keller holen oder - ganz einfach - zur Toilette müssen. Setzen Sie den Welpen nach Möglichkeit in den Laufstall oder in seine Box, geben ihm ein Spielzeug oder einen Kauknochen und sagen zum Beispiel „Warte!“. Dann verschwinden Sie aus seinem Blickfeld, aber bitte wirklich nur kurz! Wenn Sie Glück haben, beschäftigt er sich während der kurzen Zeit mit seinem Spielzeug und ist zufrieden. Wenn er jammert, eilen Sie nicht sofort zu ihm, sondern warten, bis er ein paar Augenblicke ruhig ist. Kommen Sie zurück, loben ihn kurz mit „Fein!“ und lassen ihn aus Box oder Laufstall, machen aber kein großes Hallo daraus. Diese kleinen, kurzen Übungen wiederholen Sie nun einfach immer wieder über den Tag verteilt, und je besser das klappt, desto mehr dehnen Sie die Zeitspanne aus, in der Sie für den Welpen nicht sichtbar sind. Wichtig ist, dass Sie immer hören können, wie er sich verhält, bevor Sie zu ihm zurückkehren. Mehr als fünf bis zehn Minuten sollten es aber in dieser Lebensphase noch nicht sein.

Je nachdem, ob Ihr Welpe eher ängstlich ist oder eher ein Gemütstier, den so schnell nichts aus der Ruhe bringt, wird es mit dem Alleinbleiben langsam oder schneller gehen. Während der ersten sechs Lebensmonate können Sie die Zeiten allmählich steigern, dabei richten Sie sich vor allem auch danach, wie lange Ihr Hund schon sein Geschäft einhalten kann. Bevor er alleine bleiben muss, gehen Sie immer erst ausgiebig mit ihm spazieren, damit er sich lösen und auch austoben kann. So wird er die Zeit alleine hauptsächlich schlafend verbringen. Prinzipiell müssen Sie aber davon ausgehen, dass Ihr Hund während seines ersten Lebensjahres nie länger als etwa drei bis vier Stunden alleine bleiben sollte. Und auch später sind längere Zeitspannen ohne Auslauf und Beschäftigung für die meisten Hunde schwer erträglich - planen Sie den Alltag mit Hund also möglichst so, dass sich immer jemand aus dem engsten Umfeld kümmern kann, wenn der Rest der Familie außer Haus ist.

Wenn etwas nicht so gut läuft

Inzwischen lebt Ihr neuer Hausgenosse ja schon seit etwa zwei Wochen mit Ihnen zusammen. Sie haben sehr viel Zeit mit ihm verbracht und schon viel zusammen unternommen und gelernt. Im besten Falle hat alles wunderbar geklappt, ihr kleiner Welpe ist ein Musterschüler und entwickelt sich prächtig nach Plan, und Sie werden von allen Seiten bewundert und gelobt für diesen wohlerzogenen Begleiter...

Nein? So ist es nicht? Ihr kleiner Liebling will einfach nicht immer so wie Sie? Keine Sorge, das ist in dieser Lebensphase noch ganz normal und wahrscheinlich eher die Regel als die Ausnahme! Denken Sie immer daran: Ihr Hund ist noch ein Kleinkind, das erst lernen muss, sich richtig zu benehmen und vor allem auch immer richtig zu verstehen, was Sie von ihm wollen. Ganz wichtig ist es, dass Sie nicht den Mut verlieren, liebevoll und konsequent bleiben und ihm geduldig den rechten Weg weisen.

Problem: Der Welpe wird nicht stubenrein

Wenn Ihr Kleiner noch ab und zu in die Wohnung macht, aber doch schon größtenteils brav draußen seine Geschäfte erledigt, dann ist das in diesem Alter noch ganz normal. Bleiben Sie einfach am Ball, loben ihn immer, wenn er sich draußen wie gewünscht hinhockt, und achten vielleicht noch etwas genauer auf die Anzeichen, die das dringende Bedürfnis ankündigen.

Wenn der Hund aber nach wie vor sein kleines und großes Geschäft hauptsächlich oder gar ausschließlich in der Wohnung verrichtet, müssen Sie Ihre Strategie ändern. Manche Welpen sind noch zu ängstlich oder lassen sich draußen zu sehr ablenken und „vergessen“ einfach, dass sie mal müssen. Kaum drinnen, fällt es ihnen wieder ein bzw. haben sie die Ruhe, das natürliche Bedürfnis zu bemerken. Gehen Sie nach Möglichkeit stündlich mit Ihrem Hund nach draußen, setzen ihn immer an dieselbe Stelle auf dem Rasen und halten ihn an der Leine, so dass sein Erkundungsradius stark eingeschränkt ist. Eventuell können Sie auch ein weiteres Signalwort einführen, zum Beispiel „Pipi!“, das Sie in dem Moment sagen, wenn der Hund tatsächlich in die Hocke geht (egal, ob es das kleine oder große Geschäft ist). Sofort danach loben Sie mit „Fein!“ und lassen den Hund dann ruhig noch für ein oder zwei Minuten draußen schnüffeln. So lernt er, dass er nichts verpasst, wenn er zunächst die Zeit fürs Geschäft verwendet. Ganz wichtig ist, dass nur nach erfolgreicher Verrichtung geschnüffelt werden darf - macht er nichts, geht es einfach wieder zurück ins Haus, wo Sie ihn natürlich wie ein Fuchs beobachten müssen. Sobald er dort Anstalten macht, sich hinzuhocken, nehmen Sie ihn wortlos auf und tragen ihn wieder hinaus. Das kann für ein paar Tage sehr anstrengend sein, aber so wird auch Ihr Welpe schließlich verstehen, was Sie von ihm erwarten.

Und ganz egal, wie lange es dauert mit der Stubenreinheit - bitte strafen Sie Ihren Hund niemals für ein Malheur! Wenn er die Bedeutung des Unterbrechungswortes schon gelernt hat, dann können Sie ihn mit einem strengen (aber nicht lauten) „Pfui!“ in flagranti unterbrechen und hinaustragen, wo er sich dann fertig lösen kann. Aber eine Strafe für die Verrichtung eines natürlichen Bedürfnisses zerstört Vertrauen, was dann mühevoll wiederaufgebaut werden muss.

Problem: Der Welpe hat Angst das Haus zu verlassen

Es ist normal, dass ein junger Hund nach der Trennung von Mutter und Geschwistern sein neues Zuhause in den ersten Tagen nicht gerne verlassen möchte. Je nachdem, wie viel Sozialisierung er bereits in der Welpen-Stube erfahren hat, macht ihm die unbekannte Welt dort draußen auch einfach Angst. Die vertraute Umgebung vermittelt ihm Halt und Sicherheit, also will er dortbleiben. Da ist es hilfreich, wenn Sie den Kleinen zunächst in seine bereits gewohnte Transportbox packen und mit dem Auto in eine möglichst ruhige Umgebung fahren, wo wenig Autos, andere Menschen und Hunde unterwegs sind. Setzen Sie sich einfach auf eine Wiese und lassen den Welpen dicht bei sich die nächste Umgebung erkunden. Nehmen Sie sein Lieblingsspielzeug mit und ein paar besondere Leckerchen, und wenn er sich darauf einlässt, dann spielen Sie mit ihm eine Weile und belohnen ihn zwischendurch mit Leckereien. Wenn Sie es schaffen, dass der Hund sich nach einiger Zeit ruhig und entspannt verhält, sich vielleicht neben Ihnen hinsetzt oder gar ablegt und ein kleines Nickerchen macht, dann haben Sie schon viel erreicht. Am nächsten Tag dehnen Sie den Ausflug dann schon aus und gehen mit dem Welpen an langer Leine über die Wiese. So wird er peu à peu sicherer werden und sich schließlich sogar freuen, wenn es endlich wieder losgeht.

Problem: Der Welpe spielt sehr wild und zwickt

Das Spielverhalten der Geschwisterwelpen untereinander ist zum Teil recht wild, und sobald die kleinen Milchzähnchen durchkommen, zwicken sich die Kleinen auch gegenseitig ordentlich in den Pelz. Wird es einem der Spielpartner zu bunt oder gar schmerzhaft, wird er entweder laut sein Unbehagen bekunden und das Spiel abbrechen oder auch zurückbeißen. Auf diese Weise bringen sich Welpen gegenseitig Benehmen bei. Auch die Mutterhündin lässt sich nicht alles grenzenlos von ihren Kindern gefallen und weist sie in die Schranken, wenn sie ihr zum Beispiel schmerzhaft in die Ohren zwicken.

Im Zusammenleben mit seinen neuen Menschen muss der Kleine nun lernen, dass es auch hier für das gemeinsame Spiel klare Regeln gibt. Zum einen müssen Sie selber natürlich darauf achten, wie Sie mit dem Hund spielen - sind Sie (oder Ihre Kinder) sehr wild und fordern ihn zu schnellen Verfolgungsjagden oder Zerrspielen heraus, dann steigert er sich hinein und wird schließlich hemmungslos in Kleidungsstücke oder auch Hände und Füße zwicken. Da heißt es also, durch umsichtiges Spielen vorbeugen. Fährt sich der Hund aber auch bei ruhigen Spielen zu sehr hoch und fängt an zu zwicken, dann beenden Sie das gemeinsame Spiel abrupt, nehmen alles Spielzeug weg und ignorieren seine weiteren Spielaufforderungen. Dann wird erst wieder gespielt, wenn er sich beruhigt hat und Sie ihn erneut auffordern. Wenn Sie und alle anderen Haushaltsmitglieder konsequent jedes Spiel abbrechen, das aus dem Ruder läuft, wird der Welpe das sehr schnell verstehen und sein Verhalten anpassen.

Problem: Der Welpe gehorcht nur, wann er will und lässt sich auch mit Leckerli nicht locken

Gehorcht der Welpe nicht immer und nicht vorhersehbar auf Ihr Kommando, dann überdenken Sie bitte noch einmal, ob Sie auch wirklich immer konsequent sind in Ihrer Erziehung. Wenn der Hund nur manchmal gehorchen muss und manchmal ist es egal, dann kann er natürlich nicht lernen, was Sie wirklich von ihm erwarten. Es kann auch sein, dass für

Ihren Hund das Trainingstempo zu hoch ist - bezieht sich sein Fehlverhalten auf eine bestimmte Übung, dann gehen Sie einfach wieder ein oder zwei Ausbildungsschritte zurück und bauen die Übung neu auf. Das reicht oft bereits aus und Sie beide haben dann schon bald den erhofften Erfolg.

Es gibt aber natürlich auch sehr selbstsichere Welpen, die schon früh versuchen, ihren eigenen Kopf durchzusetzen. Für solche Hunde ist es besonders wichtig, dass Sie als Hundehalter zunächst eine sehr enge Bindung aufbauen und dem Vierbeiner konsequent zeigen, dass er auf Sie angewiesen ist. Anstatt ihm beispielsweise seine Futterration im Napf hinzustellen, können Sie ihn für einige Zeit ausschließlich aus der Hand füttern. Lässt er sich auch mit besonderen Leckerchen bei den Übungen nicht zum Gehorchen überzeugen, nutzen Sie sein normales Futter eine Zeit lang ausschließlich im Training und verfüttern so die Tagesration als Belohnung für gute Leistungen an ihn. Auch sein Spielzeug „verwalten" Sie und entscheiden, wann er es bekommt und wann es wieder weggepackt wird. Alle Spielaufforderungen gehen ausschließlich von Ihnen aus, wenn der Welpe Sie auffordern will, ignorieren Sie ihn. Und selbst gekuschelt wird nur, wenn Sie es wollen und nicht, wenn dem Welpen gerade danach ist. Sobald Sie merken, dass der Kleine sich mehr an Ihnen orientiert und auch leichter bereit ist, sich unterzuordnen und zu gehorchen, können Sie diese strengen Maßnahmen langsam wieder lockern. Es mag aber passieren, dass Ihr Hund in einigen Monaten, wenn er seiner Geschlechtsreife näherkommt, erneut austesten wird, wie konsequent Sie sind und wie weit er bei Ihnen gehen kann. Bleiben Sie also wachsam und vor allen Dingen immer sehr konsequent.

Erfolgreicher Abschluss von Stufe Zwei:

In diesen letzten sieben bis zehn Tagen ist Ihr kleiner Welpe schon sichtbar gewachsen und hat bereits eine spannende Entwicklung durchgemacht.

Mittlerweile können Sie ihn auch schon ziemlich gut einschätzen: Ist Ihr Hund ein kleiner Freigeist mit viel Selbstbewusstsein, der besonders klare Anweisungen benötigt, oder eher das Sensibelchen, welches noch sehr viel Unterstützung und Feingefühl von Ihnen benötigt? Sprüht er vor Energie und Bewegungsdrang, oder ist er eher ein ruhiger Vertreter, der mit allem zufrieden ist? Je nach Charakter Ihres Hundes werden Sie merken, wie schnell Sie mit der Erziehung voranschreiten können. Aber auch der Welpe hat Sie bereits gut kennengelernt und weiß vielleicht, wie er Sie um den Finger wickeln kann? Denken Sie immer daran: Was Sie bei Ihrem niedlichen, knopfäugigen Dreikäsehoch jetzt durchgehen lassen, darf Sie auch später beim ausgewachsenen Hund mit seinen 10, 20 oder gar 40 Kilogramm Lebendgewicht nicht stören. Wenn Sie einfach weiterhin liebevoll-konsequent und geduldig am Ball bleiben, sind das die besten Voraussetzungen für eine erfolgreiche Erziehung und einen wohlerzogenen Begleiter, auf den Sie sich verlassen können.

Einige der wichtigsten Grundkommandos hat er inzwischen gelernt und weiß, was Sie von ihm erwarten. Die Sauberkeitserziehung ist erfolgreich vorangeschritten, vielleicht müssen Sie nachts schon gar nicht mehr extra aufstehen? Er kennt den Tierarzt, und im Welpen-Kurs genießt er das Toben und Spielen mit gleichaltrigen Artgenossen. Mit dem Verlassen der sicheren Umgebung des eigenen Zuhauses haben Sie ihm die große weite Welt eröffnet, die er mit Ihnen als starkem Rückhalt nun immer mutiger und selbstbewusster entdecken wird. Er weiß, dass er sich immer und überall auf Sie verlassen kann, denn Sie sind sein Fels in der Brandung und führen ihn sicher auch durch unbekannte und manchmal beängstigende Situationen. Bravo, da haben Sie zusammen als Team schon wirklich viel erreicht, und es wird Zeit für die nächste Trainingsphase

Stufe Drei: Einführung neuer Kommandos, Festigung der schon bekannten Übungen

In den nächsten Tagen werden Sie das bisher Gelernte mit dem Welpen vertiefen und zusätzlich neue Kommandos einführen. Auch wird der Vierbeiner die ersten Kombi-Kommandos lernen, und in Ergänzung zu den Signalwörtern kommen nun auch Handzeichen hinzu. Ihre gemeinsamen Ausflüge werden länger und spannender, denn es gibt noch so vieles zu entdecken. Auch im Welpen-Kurs gibt es sicher noch neue Anregungen für das erfolgreiche Training. Und vor allem: Genießen Sie die Zeit mit Ihrem Hundekind, denn aus dem knuddeligen Welpen wird einfach viel zu schnell ein großer Hund.

Zeitplan für Stufe Drei: Etwa sieben bis zehn Tage

Die „Hier!-Sitz!"-Kombi mit Pfeifen und Handzeichen

Das Kommen auf Ruf klappt sicher inzwischen schon richtig gut, zumindest innerhalb der Wohnung und vielleicht auch schon im Garten? Wenn Sie gut pfeifen können, dann ergänzen Sie den Ruf „Hier!" jetzt jedes Mal mit einem gut vernehmbaren, aber nicht zu lauten Pfiff, um den Hund nicht zu irritieren. Wichtig: Zuerst der schon bekannte Ruf, und erst danach, also wenn der Welpe bereits auf dem Weg zu Ihnen ist, der Pfiff, denn den kennt er ja bisher noch nicht und hat keine Ahnung, was er bedeuten soll. Trauen Sie sich nicht zu, beim Pfeifen immer den richtigen Ton zu treffen, können Sie auch eine Hundepfeife zu Hilfe nehmen, die Sie zum Beispiel zweimal kurz betätigen. Das Kommando per Pfiff muss selbstverständlich auch immer gleichbleiben. Wenn Sie feststellen, dass Ihr Hund gut auf das Pfeifen reagiert, haben Sie sogar die Möglichkeit, für andere Kommandos später andere Pfiffe einzuführen.

Und auch die Bedeutung des Wortes „Sitz!“ hat der Welpe bereits gelernt und setzt sich brav hin, um seine Belohnung zu bekommen. Bisher haben wir beide Kommandos getrennt voneinander geübt, nun wird es Zeit, sie zu kombinieren. Wenn Sie jetzt den Welpen mit „Hier!“ zu sich rufen und er freudig angelaufen kommt, loben Sie ihn begeistert mit „Fein!“ und geben mit dem Leckerchen in der Hand dann sofort noch das Kommando „Sitz!“. Sobald der Kleine sich brav hinsetzt, gibt es den Happen. Genauso verfahren Sie, wenn Sie den Welpen mit „Hier!“ zum Fressen rufen. Bevor Sie nun den Futternapf hinstellen, kommt auch der Befehl „Sitz!“, und erst wenn der Po am Boden ist, stellen Sie ihm mit einem lobenden „Fein!“ den Napf hin.

Gleichzeitig sollten Sie nun auch bereits ein Handzeichen für das Kommando „Sitz!“ einführen, denn Hunde sind tatsächlich in der Lage, mit uns auf unterschiedliche Weise zu kommunizieren und lernen neben den akustischen Kommandos auch sehr gut unsere Körpersprache. Für den Befehl „Sitz!“ hat es sich bewährt, den Zeigefinger der rechten Hand zu heben. Da der Hund an der Leine nach Möglichkeit links geführt werden sollte, haben Sie die rechte Hand frei für die Zeichensprache. Dazu ist es nun nötig, dass Sie das Belohnungshäppchen ab jetzt immer in der linken Hand verstecken, damit Sie mit der rechten Hand gleichzeitig mit dem gesprochenen Kommando „Sitz!“ dem Hund den erhobenen Zeigefinger vorhalten können. Sobald er sitzt, bekommt er mit Links die verdiente

Belohnung. Sehr schnell wird er so das Zeichen mit dem Kommando verbinden. Unser Ziel soll es sein, dass der Hund später tatsächlich beides getrennt verstehen kann und sich je nach Situation auch nur durch den erhobenen Zeigefinger ins Sitz bringen lässt. Dafür ist es aber jetzt natürlich noch zu früh, denn wie immer braucht es erst zahlreiche Wiederholungen, bis der Welpe die Übung vollständig verstanden hat.

Das Ende einer Übung bestimmen Sie

Die Trainingseinheiten mit Ihrem Welpen dauern immer nur ein paar Minuten, dafür gibt es davon mehrere über den Tag verteilt. In diesen kurzen Phasen muss sich der Kleine ordentlich konzentrieren, daher ist eine kurze gemeinsame Spielzeit zum Abschluss einer Übungsphase eine tolle Belohnung und holt ihn aus der Anspannung. Gleichzeitig vermitteln Sie ihm so ganz offiziell, dass die „Schulstunde“ nun beendet ist. Ganz wichtig ist es dabei, dass Sie eine Übung immer nur dann beenden, wenn das letzte Kommando vom Welpen erfolgreich durchgeführt wurde. Wollen Sie ein Training starten und merken, dass der Kleine überhaupt nicht bei der Sache ist, dann brechen Sie das Ganze schnell und kommentarlos ab und spielen auch nicht mit ihm. Überdenken Sie den möglichen Grund: Ist der Hund vielleicht zu müde, oder muss er sich zuerst noch lösen? Gibt es zu viel Ablenkung? Sehr energiegeladene Hunde lernen oft auch besser, wenn sie sich vorher schon eine Weile auspowern dürfen, zum Beispiel mit einem Zerr- oder Apportierspiel oder bei einem kleinen Spaziergang. Und unmittelbar nach dem Fressen ist auch kein guter Zeitpunkt zum Lernen, vor allem sind die Belohnungshäppchen für einen satten Hund nur halb so attraktiv.

Nun wird es auch Zeit, ein eigenes Signalwort einzuführen, welches Ihrem Hund das klare Ende einer Übung anzeigt. In naher Zukunft soll er ja auch lernen, im Sitz oder Platz eine bestimmte Zeit zu bleiben, bevor er wieder aufstehen darf, daher ist es wichtig, ihm jetzt schon klar zu vermitteln, dass immer Sie das Ende einer Übung bestimmen. Ab jetzt sagen Sie also immer, wenn der Welpe brav ein „Sitz!“ befolgt hat und dafür belohnt wurde, das neue Kommandowort, zum Beispiel „Lauf“ oder „Und frei!“, bevor Sie ihn wieder aufstehen lassen. Sie müssen aber akribisch darauf achten, dass Sie den Befehl nicht erst geben, wenn der Welpe sich bereits wieder erhoben hat! Steht er schneller auf, als Sie möchten, dann lassen Sie ihn zuerst wieder Sitz machen und verharren einen kurzen Augenblick mit erhobenem Zeigefinger vor ihm. Dann kommt nach wenigen Sekunden das aufmunternd gesprochene „Lauf“, und wenn er sich erst dann erhebt und steht, läuft oder herumspringt, belobigen Sie ihn mit „Fein!“. Bitte sagen Sie niemals resigniert „Lauf“, obwohl der Hund sich bereits vorher erhoben hat, auch wenn es nur um Sekundenbruchteile geht - dann würde er lernen, dass er aufstehen kann, wann er will, und dass das für Sie in Ordnung ist.

Das Hinlegen auf Kommando

Wenn es mit dem Kommando „Sitz!“ schon gut klappt, bauen Sie die Übung nun weiter aus und bringen Ihrem Hund bei, sich hinzulegen. Das Hinlegen auf Kommando wird später in vielen Situationen hilfreich sein, denn es signalisiert dem Hund, dass er sich nun eine Weile entspannt ablegen kann, zum Beispiel wenn Sie ihn mit in ein Café oder Restaurant nehmen oder er einfach kurz vor einem Geschäft auf Sie warten soll.

Die Übung beginnt zunächst mit dem schon bekannten Befehl „Sitz!“. Wählen Sie nach Möglichkeit einen weichen und warmen Untergrund, also ein Zimmer mit Teppich oder den Rasen im Garten, denn auf kalten, glatten Fliesen oder harten Steinen legt sich ein Welpe mit seinem nackten Babybauch unter Umständen nicht so gerne hin. Gehen Sie vor dem Welpen in die Hocke und lassen ihn mit erhobenem Zeigefinger und Signalwort absitzen. Das schon freudig erwartete Leckerchen halten Sie in der linken Hand. Während Sie die rechte Hand nun ganz locker auf seinen Rücken legen, führen Sie den Leckerbissen direkt vor seiner Nase und dicht vor seiner Brust entlang in Richtung Boden und verdecken ihn mit Ihrer Hand. Legt der Welpe sich hin, sagen Sie in dem Moment, wo er komplett liegt, Ihr neues Signalwort, zum Beispiel „Platz!“, und lassen ihn die Belohnung im Liegen fressen. Wenn der Kleine sich nicht hinlegt, führen Sie die linke Hand mit dem Happen ganz langsam in Millimeterschritten in gerader Linie von ihm weg, wobei gleichzeitig Ihre rechte Hand locker verhindert, dass er den Po hebt. Um an die Belohnung zu kommen, muss sich der Welpe nun wohl oder übel hinlegen, und in dem Moment kommt das Kommando. Sobald er die Belohnung gefressen hat, sagen Sie wieder „Sitz!“, dabei verhindern Sie weiterhin mit der rechten Hand ein zu frühes Aufstehen. Sobald er wieder sitzt, loben Sie ausgiebig mit „Fein!“ und lösen die Übung mit „Lauf!“ schließlich ganz auf. Diese Abfolge wiederholen Sie ein paarmal kurz nacheinander, bevor die Übungseinheit nach einem erfolgreichen Versuch beendet wird.

Wie schon zuvor sind auch für das neue Kommando „Platz!“ wieder viele Wiederholungen nötig, bis es sicher funktioniert. Sie können sich dabei zunutze machen, dass der Welpe sich viel bereitwilliger hinlegt, wenn er schon müde ist, also beispielsweise nach einem Spaziergang. Nach den ersten erfolgreichen Trainingseinheiten versuchen Sie, nicht mehr in die Hocke zu gehen und den Hund stehend erst ins „Sitz“ und dann ins „Platz“ zu bringen. Das bewährte Handzeichen für das Hinlegen auf Kommando ist die gerade nach unten ausgestreckte rechte Hand, und so geht der nach oben gerichtete Zeigefinger für den „Sitz!“-Befehl in einer fließenden Bewegung über in dieses Zeichen. Gehen Sie aber nicht zu schnell vor, sondern passen das Tempo dem Lernerfolg Ihres Hundes an.

Die Spaziergänge werden ausgedehnt

Mittlerweile hat Ihr munterer Vierbeiner sicher schon Gefallen an den täglichen Ausflügen nach draußen gefunden. Nun wird es Zeit, diese noch weiter auszubauen. Zum einen können Sie mit dem angeleinten Welpen Routen laufen, die deutlich belebter sind und an denen er mit weiteren neuen Umweltreizen konfrontiert wird. Gehen Sie zum Beispiel zum nächstgelegenen Supermarkt oder Gartencenter und bewegen sich mit dem Hund auf dem Parkplatz und in der Nähe des Eingangsbereiches, wo viele Menschen herumlaufen, Einkaufswagen schieben und es viel zu gucken gibt. Lenken Sie zwischendurch immer wieder mit dem Kommando „Schau!" seine Aufmerksamkeit auf sich und loben ihn ausgiebig mit Häppchen und Streicheln. Sie haben die Reaktionen Ihres Hundes immer im Blick - wirkt er zu ängstlich, dann vergrößern Sie die Entfernung zum Trubel und schauen aus weiterer Distanz. Versuchen Sie es einfach in den nächsten Tagen erneut. Leben Sie in der Stadt, können Sie zum Beispiel auch an einer Straßenbahn-Haltestelle mit dem Welpen einen Moment stehenbleiben oder am Rande des Marktplatzes. Schauen Sie einfach, wie viel Action der Kleine schon aushält, und reagieren Sie feinfühlig, wenn es ihm zu viel wird.

Bei diesen Ausflügen versuchen Sie auch, ihn immer wieder über neue Untergründe laufen zu lassen. Es gibt tatsächlich Stadthunde, die sich nicht trauen, auf Grasboden zu laufen, weil sie den nie kennenlernen konnten! Je mehr unterschiedliche Untergründe der Welpe nun erlebt, desto sicherer wird er sich als erwachsener Hund in jeder Umgebung bewegen. Im städtischen Gebiet können dies neben Gehweg-Platten und Asphaltstraßen zum Beispiel Gitterroste sein (Vorsicht: das Gitter muss so kleinmaschig sein, dass der Welpe nicht mit den Pfoten hindurch rutschen kann!), Rasen-Gittersteine, Kopfsteinpflaster, Kieswege im Park, glatte Fliesen usw. Auch flache Treppenstufen bieten sich an, sofern Sie keinen sehr kurzbeinigen Hund haben (für Dackel, Corgis, Pekinesen usw. ist das Treppenlaufen aus gesundheitlichen Gründen möglichst zu vermeiden). Rolltreppen sind allerdings für Hunde jeder Rasse und Größe tabu, da diese eine erhebliche Verletzungsgefahr darstellen.

In freier Natur finden Sie Grasflächen, Sandwege, Holzplanken, Baumstämme oder Heuballen, vielleicht einen kleinen Bachlauf, durch den Sie zusammen waten können. Seien Sie einfach kreativ und schauen, was sich anbietet. Wenn Sie einen Garten haben, können Sie dort das Angebot noch erweitern, indem Sie eine große Kunststoff-Plane auslegen, eine kleine Rampe oder Wippe aus einem breiten Brett und einem untergelegten Pfahl oder dicken Ast bauen, eine Holzpalette hinlegen und, und, und.

Neben diesen Spaziergängen mit langsam gesteigertem Stressfaktor machen Sie aber auch immer ausgedehntere Gänge in ruhigem Gelände. Überall, wo für den Welpen keine Gefahr durch Autos oder ähnliches droht, lassen Sie ihn ab jetzt auch ohne Leine oder zumindest an der langen Schleppleine laufen. Zuerst darf er immer herumlaufen, schnüffeln, mit Ihnen spielen und sich etwas austoben. Ändern Sie auch jetzt immer wieder einmal Ihre Laufrichtung, damit der Kleine daran denkt, immer auf Sie zu achten, um den Anschluss nicht zu verpassen. Rufen Sie ihn auch zwischendurch mit „Hier!" und dem Pfeif-Signal zu sich - aber Achtung, warten Sie immer einen Moment ab, wo er sich sicher auf Sie konzentrieren kann! Wenn er gerade hockt und sein Häufchen macht oder fasziniert eine Kuh-Herde betrachtet, warten Sie mit dem Kommando, bis er zu Ihnen hinschaut. Sie können auch wieder mit auffälligen Bewegungen und Geräuschen die Richtung ändern und von ihm weglaufen, und sobald er hinterherläuft, wenden Sie sich ihm zu und rufen freudig „Fein! Hier!". Kommt er bei Ihnen an, gibt es ein Belohnungshäppchen, ohne dass er zuerst noch sitzen muss - wir üben jetzt bereits gelernte Kommandos unter neuen, erschwerten Bedingungen mit viel Ablenkung, daher reicht ein Einzelsignal. Nach der freudigen und ausgiebigen Belohnung lassen Sie ihn mit „Lauf!" wieder durchstarten. Durch das mehrfache Heranrufen während eines Spaziergangs vermitteln Sie Ihrem Welpen, dass es sich immer lohnt, auch unterwegs zu Ihnen hinzulaufen, denn danach darf er ja auch wieder los. Würden Sie den Hund immer nur rufen, wenn der Spaziergang beendet wird und Sie nach Hause wollen, überlegt er sich unter Umständen, ob es sich nicht viel mehr lohnt, nicht zu kommen, weil dann der Gang noch länger dauert.

Während der Spaziergänge in ruhiger Umgebung legen Sie nun auch immer kurze Übungsphasen ein - einmal ein bis zwei Minuten „Sitz", dann später wieder ein bis zwei Minuten „Sitz - Platz!" und so weiter. In der veränderten Umgebung müssen Sie wieder sehr intensiv mit Belohnungshäppchen arbeiten, auch wenn diese Übungen innerhalb der Wohnung bereits gut geklappt und Sie nicht mehr jedes Mal ein Leckerchen gegeben haben. Denken Sie auch hier daran, dass nur Sie die Übung schließlich nach einem erfolgreichen Versuch beenden, und niemals der Hund. Hat er sich ein oder zwei Minuten brav konzentriert, dann spielen und toben Sie danach kurz mit ihm, das ist ja die tollste Belohnung überhaupt.

Das Hergeben von Gegenständen

Ihr kleiner Wirbelwind hat mittlerweile schon gelernt, dass Sie vieles in seinem Leben entscheiden - wann es Futter gibt, wann er welches Spielzeug haben darf, wann er ein Leckerchen bekommt usw. Je nachdem, wie willensstark oder selbstbewusst er ist, wird er aber früher oder später manches gerne haben und behalten wollen, obwohl Sie das nicht möchten. Das kann ein Spielzeug sein, das er jetzt gerade nicht haben soll. Oder der gute Lederschuh, auf dem er herumkauen möchte. Im schlimmsten Fall ist es etwas, das er unterwegs findet und das ihm sogar schaden könnte - müssten Sie in dieser Situation erst mühevoll den Hund einfangen und ihm den gefährlichen Gegenstand entreißen, kann es schon zu spät sein. Daher werden wir nun ein Kommando einführen, das den Hund immer und überall dazu bewegen soll, einen Gegenstand herzugeben, den er nicht haben soll. Bestenfalls lehren Sie ihn sogar, diesen Gegenstand gar nicht erst aufzunehmen.

Beginnen wir mit dem Hergeben, denn das ist einfacher für den Hund zu erlernen. Dazu lassen Sie ihn zunächst im Haus und ohne Ablenkung einen Augenblick mit seinem Lieblingsspielzeug spielen - bestenfalls zerren Sie mit ihm einen kurzen Moment spielerisch damit, ohne es ihm zu entreißen. Dann hören Sie auf, zu zerren, behalten aber Ihr Ende vom Spielzeug fest in der Hand und halten dem Hund mit der anderen Hand einen besonderen Leckerbissen vor die Nase. Um diesen zu nehmen, muss er das Spielzeug loslassen, und genau in dem Moment sagen Sie freudig „Aus!“ oder „Gib!“ und belohnen ihn mit der Leckerei. Das machen Sie nun drei- bis fünfmal direkt nacheinander und beenden die Übung, wenn Sie das Spielzeug haben und der Welpe das letzte Häppchen kaut. In den nächsten Tagen führen Sie diese Trainingseinheit mehrmals täglich ohne Ablenkung durch. Der Tausch muss sich für den Welpen jedes Mal wirklich lohnen, daher verwenden Sie kleine (!) Stücke besonderer Happen, zum Beispiel Käse oder gekochtes Hühnerfleisch. Und betonen Sie das Kommando „Aus!“ immer freudig, nicht streng, denn es soll kein Verbot sein, sondern eine Aufforderung, der Ihr Hund gerne nachkommt.

Wenn das nach ein paar Übungseinheiten schon gut klappt, erweitern Sie den Ablauf. Jetzt legen Sie das Spielzeug vor dem Welpen auf den

Boden, sagen dabei freundlich „Aus!" und halten locker die Hand über den Gegenstand. Macht der Kleine keinerlei Anstalten, sich das Spielzeug zu schnappen, belohnen Sie mit „Fein!" und einem Happen. Versucht er, trotzdem daran zu kommen, schirmen Sie das Spielzeug konsequent mit Ihrer Hand ab, ohne noch einmal etwas zu sagen. Irgendwann wird er aufgeben, sich abwenden, hinsetzen oder Sie ratlos anschauen - genau in diesem Moment bekommt er mit einem begeisterten „Fein!" das Leckerchen. Dann starten Sie wieder ein kurzes Zerrspiel, bei dem er das Spielzeug bekommt, lassen ihn nach wenigen Augenblicken wieder gegen ein Leckerchen tauschen mit „Aus!", und danach muss er wieder warten, wenn Sie „Aus!" sagen.

Was der Hund nun lernt: Zum einen heißt das einmal gegebene Kommando „Aus!", dass er keine Chance hat, an sein Spielzeug zu kommen. Würden Sie mehrfach „Aus!" sagen, wenn er es trotzdem versucht, würde er auch später erst mehrere Kommandos abwarten, denn Sie rufen ja sowieso zuverlässig immer mehrmals. Bis dahin kann der Lederschuh aber schon kaputt sein oder der Giftköder gefressen. Er lernt außerdem, dass er auf Ihr Urteil vertrauen kann, denn wenn Sie ihm einen Gegenstand versagen, gibt es für ihn immer etwas noch viel Tolleres zum Ausgleich. Auch diese Übung wiederholen Sie nun täglich mehrmals. Erst in der nächsten Stufe werden wir das „Aus!" noch weiter verfeinern.

Ordentlich an der Leine laufen

Sehr viele Hunde neigen an der Leine dazu, ihren Menschen hinter sich her zu zerren. Einmal ist der Spaziergang an sich schon spannend, und dann gibt es ja auch überall so viel zu sehen und zu riechen, da muss man einfach ganz schnell hin. Eine Duftmarke hier, ein anderer Hund dort, der kleine Vogel am Wegrand, spielende Kinder - die Welt ist für Ihren

Welpen voller Versuchungen. Und selbst, wenn ein zwölf Wochen alter Labrador oder Riesenschnauzer noch ganz gut zu halten ist, wird das bei einem ausgewachsenen Rüden mit 40 bis 50 Kilogramm Lebendgewicht doch schon sehr viel anstrengender. Also tun Sie gut daran, Ihrem jungen Hund beizeiten beizubringen, wie er sich als erwachsener Vierbeiner benehmen soll.

Die Leinenführigkeit eines Hundes muss unabhängig davon erlernt werden, ob er am Halsband oder mit einem Brustgeschirr geführt wird. Beide Varianten haben sowohl Vor- als auch Nachteile, über die man sich entsprechend informieren sollte. Es gibt enorm viele unterschiedliche Modelle im Angebot, von denen nicht alle zu empfehlen sind. Wichtig ist, dass weder über das Halsband noch über ein Brustgeschirr Druck oder Zug auf den Hund ausgeübt werden darf, da es dadurch zu Schäden an Muskeln und Gelenken, aber auch an Speise- und Luftröhre kommen kann. Das Material muss möglichst weich, flexibel und reißfest sein, und ein Brustgeschirr muss dem Hund wirklich genau angepasst werden. Sogenannte „Erziehungshalsbänder" wie Würge-, Korallen- Stachel- oder gar Elektrohalsbänder sind abzulehnen und zum Teil sogar tierschutzrelevant, sie können ein gutes, fachlich fundiertes Training zur Leinenführigkeit des Hundes nicht ersetzen. Wenn Sie unsicher sind, was für Ihren Hund das Beste ist, fragen Sie einfach Ihren Tierarzt oder den Trainer der Welpen-Spielgruppe um Rat.

Tatsächlich ist das Leinentraining für einen jungen Hund wirklich anstrengend und schwierig, vor allem draußen unter Ablenkung. Daher werden wir die ersten Übungen zu diesem Komplex wieder in der

Wohnung durchführen, wenn Sie in Ruhe mit dem Welpen arbeiten können. Sie rufen ihn („Hier!“ und loben), lassen ihn absitzen („Sitz“ und loben) und leinen ihn an die kurze Führleine an. Dann sagen Sie „Schau!“, und wenn er in Ihre Augen blickt, loben Sie und gehen ein paar Schritte durchs Zimmer. Sobald der Kleine ebenfalls losläuft und Sie überholt, um sich in die Leine zu legen, bleiben Sie sofort abrupt stehen und ignorieren den Hund völlig. Er wird natürlich auch stehenbleiben, warten, sich vielleicht zu Ihnen umdrehen - sobald die Leine wieder locker durchhängt, sagen Sie wieder „Schau!“, loben mit „Fein“, sobald er in Ihre Augen blickt, dann gehen Sie wieder los. Er wird wahrscheinlich freudig durchstarten, und gleich ist die Leine wieder auf Spannung - und Sie bleiben wortlos stehen und ignorieren ihn, bis die Leine wieder locker ist. Das wird jetzt eine ganze Weile so weitergehen, und Sie merken schon - würden Sie das mit ihm üben, wenn Sie draußen sind und vielleicht selber ein bestimmtes Ziel haben oder der Hund sich lösen soll, dann würden Sie wahrscheinlich schon bald klein beigeben und ihn „für diesmal“ an der Leine ziehen lassen. Daraus werden dann schnell mehrere „für diesmal“, und schon haben auch Sie einen Hund, der immer an der Leine zerrt. Daher ist es in diesem Stadium des Leinentrainings meist besser, wenn der Welpe draußen während der Spaziergänge an der Schleppleine oder ganz ohne Leine läuft (natürlich nur dort, wo es gefahrlos möglich ist) und Sie mit ihm das richtige Verhalten nur innerhalb der Wohnung üben.

Nach den ersten anstrengenden Übungseinheiten merken Sie aber sicher, dass Ihr Hund sich mehr auf Sie konzentriert und nicht direkt los sprintet. Vielleicht hält er auch etwas unsicher den Augenkontakt mit Ihnen. Sobald er nun auch nur zwei oder drei Schritte an durchhängender Leine macht, wird er überschwänglich und mit richtig tollen Belohnungshäppchen dafür gelobt. Er merkt also nun: Zerren bewirkt sofortigen Stillstand und Ignorieren, langsames und konzentriertes Gehen bedeutet

Lob und Belohnung. Mit vielen kleinen Übungseinheiten von wenigen Minuten arbeiten Sie sich zusammen voran, und schon bald wird Ihr Welpe innerhalb der Wohnung sicher brav an der Leine laufen. Bitte achten Sie aber darauf, dass Sie den Hund niemals aktiv an der Leine zurückziehen, sondern bleiben Sie immer einfach stehen und lassen ihn selber darauf kommen, welches Verhalten sich für ihn lohnt.

Nun können Sie das Ganze ausbauen, indem Sie dem Weg ein kleines Ziel geben. Gehen Sie zum Beispiel auf ein Spielzeug zu oder sogar auf den gefüllten Futternapf des Welpen. Wahrscheinlich wird er es nun wieder mit schnellem Sprint versuchen, die Leine spannt sich und schwupp - geht es nicht mehr weiter. Auf diese Weise arbeiten Sie sich Stück für Stück an das Ziel heran, und selbst wenn der Welpe nur noch wenige Zentimeter davon entfernt ist und zerrt, stoppen Sie sofort. Nur an der durchhängenden Leine erreicht er schließlich sein Spielzeug oder den Futternapf, und in diesem Moment ist das auch gleichzeitig seine Belohnung.

Erst, wenn Sie das Gefühl haben, dass es mit der Leinenführigkeit in der Wohnung wirklich gut klappt, verlegen Sie die Übungen auch nach draußen. Dann müssen Sie dem Welpen aber bitte immer zuerst die Möglichkeit geben, herumzulaufen, zu schnüffeln, sich zu lösen und schon etwas auszupowern, ansonsten sind die ersten Versuche schon zum Scheitern verurteilt. Nach einer Weile Auslauf an der langen Schleppleine oder frei rufen Sie den Welpen, lassen ihn sitzen, leinen ihn an der Führleine an, und das Training beginnt genau wie drinnen. Sobald er zerrt, bleiben Sie stehen - na, Sie wissen schon. Wenn Sie in dieser Zeit des Trainings wirklich sehr konsequent vorgehen, werden Sie später mit dem erwachsenen Hund ganz entspannt das Haus verlassen können und erreichen mit dem brav neben Ihnen laufenden Vierbeiner das Gelände, wo er dann loslaufen, schnüffeln und toben darf.

Wenn etwas nicht so gut läuft

Mittlerweile ist Ihr Hundekind ungefähr zwölf Wochen alt und hat schon vieles gelernt und erlebt. Genauso wie Sie und Ihre Familie, denn das Leben mit Hund unterscheidet sich doch erheblich von der Zeit vorher ohne den Vierbeiner, nicht wahr? Bestimmt hatten und haben Sie viel Freude und Spaß mit dem Familienzuwachs, aber vielleicht tritt auch noch das eine oder andere Problem auf?

Problem: Der Welpe mag nicht alleine bleiben

Sie haben die Übungen zum Alleinbleiben aus Stufe Zwei versucht, aber der Welpe jammert, sobald Sie den Raum verlassen und er alleine bleiben soll? Tatsächlich gibt es Hunde, die besonders unter Trennungsangst leiden und so lange jaulen oder bellen, bis die Bezugsperson wieder im Zimmer ist. Hier muss besonders behutsam vorgegangen werden, um den Hund ganz allmählich daran zu gewöhnen. Überlegen Sie einmal, ob Sie selber praktisch permanent für Ihren Hund zur Verfügung stehen und sich vielleicht zu intensiv um ihn kümmern? Zunächst geht es nur darum, dass Sie innerhalb der Wohnung eine gewisse Distanz zu Ihrem Hund aufbauen. Er muss lernen, dass es Zeiten gibt, wo er nicht Ihre volle Aufmerksamkeit hat. Sperren Sie ihn zum Beispiel in den Welpen-Auslauf oder in seine Box, geben ihm ein Spielzeug oder einen Kau-artikel und setzen sich selber in einiger Entfernung mit der Zeitung oder einem Buch auf das Sofa oder an den Esstisch, so dass er Sie noch sehen kann. Nun ignorieren Sie ihn völlig und vertiefen sich in Ihre Lektüre. Am besten wird das klappen, wenn der Kleine bereits ausgepowert und müde ist. Ist der Hund zufrieden und spielt oder schläft sogar, warten Sie eine gewisse Zeitspanne ab, bevor Sie ihn ohne Kommentar wieder herauslassen. Beginnt er, zu jammern, ignorieren Sie ihn so lange, bis er einen kurzen Augenblick ruhig ist, erst dann gehen Sie hin und öffnen wortlos die Box, ohne ihn jetzt zu streicheln oder zu loben. Erst, wenn diese Übung mehrmals nacheinander geklappt hat und der Welpe ruhig geblieben ist, steigern Sie das Ganze, indem Sie die Türe zum Bad hinter sich schließen oder kurz zum Briefkasten oder in den Keller gehen, ohne den Welpen mitzunehmen. Es ist besonders wichtig, weder beim Hinausgehen noch beim Wiederkommen ein großes Hallo mit dem Hund zu veranstalten - es muss für ihn ganz normal werden, dass Sie kommen und gehen, ohne ihn jedes Mal mitzunehmen. Mit der kurzen, knappen Anweisung „Warte!" signalisieren Sie ihm, dass Sie bald wiederkommen. Da Hunde nicht wie wir Menschen ein Zeitgefühl haben, können die Abwesenheits-Zeiten später ausgedehnt werden, sobald der Hund gelernt hat, dass Sie immer zurückkommen und er sich ruhig und entspannt verhält.

Eventuell kann es schon helfen, wenn Sie für die Gassi-Gänge und Ausflüge, bei denen der Hund mitkommen darf, eine andere Jacke oder andere Schuhe anziehen als dann, wenn er zuhause bleiben muss. So verknüpft er schon bald die jeweilige Garderobe mit der Erfahrung „Ich komme mit!" oder „Ich muss warten!". Sehr wichtig ist es auch, dass der Welpe in den anfangs kurzen Phasen des Alleinseins keine negativen Erfahrungen macht. Wenn etwa ein Gewitter aufzieht und der laute Donner ihn erschrecken könnte, lassen Sie ihn nicht gerade dann alleine.

Problem: Der Welpe traut sich nicht, über fremde Untergründe zu laufen

Ein sehr vorsichtiger, ängstlicher Welpe muss besonders feinfühlig und mit viel Geduld an neue Umweltreize gewöhnt werden. Will er zum

Beispiel nicht über einen Gitterboden laufen oder traut sich nicht über eine Holzwippe, dann zwingen Sie ihn auf keinen Fall! Locken Sie ihn mit besonders tollen Häppchen vorsichtig zu sich, und wenn er anfangs auch nur ein oder zwei Schritte auf das Gitter macht oder die erste Treppenstufe meistert, wird er begeistert gelobt und belohnt. So arbeiten Sie sich Stück für Stück mit ihm voran.

Hilfreich kann es für solche übervorsichtigen Hunde sein, wenn in der Welpen-Gruppe diverse Übungen mit unterschiedlichen Untergründen gemacht werden. Oftmals traut sich ein ängstlicher Hund eher, wenn die Gruppe der anderen Welpen es vormacht. Ein gut aufgebauter Welpen-Kurs sollte unbedingt Übungen wie diese beinhalten.

Problem: Der Welpe springt jeden an, der uns begegnet

Damit der Hund lernt, dass Anspringen unerwünscht ist, müssen Sie selber und Ihre Familienmitglieder sehr konsequent bleiben. Immer, wenn der Kleine an jemandem hochspringt, muss diese Person sein Verhalten komplett ignorieren und sich vom Welpen abwenden. Erst, wenn er wieder am Boden ist, drehen Sie sich zu ihm um und geben ihm Ihre Aufmerksamkeit. So wird er bald merken, dass er mit dem Anspringen nichts erreicht, im Gegenteil erhält er dann gerade keine Aufmerksamkeit.

Schwieriger wird es, wenn der Welpe unterwegs fremde Personen anspringt. Oft finden Menschen das bei einem jungen Hund noch niedlich und streicheln ihn, womit sein Verhalten also belohnt würde. Optimal ist es, wenn Sie mehrere Ihnen bekannte Personen anfangs bitten können, Sie zu unterstützen, indem diese sich genauso abwenden, wenn der

Welpe sie anzuspringen versucht. Auch in der Welpen-Spielgruppe kann das mit den jeweils anderen Hundebesitzern geübt werden. Ansonsten sollten Sie, wenn sich Ihnen eine fremde Person beim Spaziergang nähert, den Welpen zu sich rufen und ihn anleinen. Dabei lernt der Hund gleichzeitig, dass er nicht zu jedem Fremden hinlaufen oder sich von allen Leuten anfassen lassen muss.

Erfolgreicher Abschluss von Stufe Drei:

Mit seinen gut drei Monaten wird Ihr Welpe nun immer selbstbewusster, da er mit Ihnen an seiner Seite schon viele unterschiedliche Umweltreize kennenlernen durfte. Sicher genießt er die Zeit, wenn Sie sich ihm intensiv widmen, und vor allem die Spaziergänge in der Natur wird er lieben. Aber er hat inzwischen auch gelernt, dass sich nicht alles immer nur um ihn dreht und er sich auch manchmal gedulden muss. Langsam läuft Ihr gemeinsames Leben nun in geregelten Bahnen, es kehrt ein wenig Alltag für alle ein. Da Sie konsequent und regelmäßig mit Ihrem Hund trainieren, kann er zahlreiche Kommandos schon gut befolgen, und über diese Erfolge können Sie sich zurecht freuen. Bleiben Sie am Ball, denn durch häufige Wiederholungen festigen Sie den Gehorsam Ihres Vierbeiners immer mehr. Zusätzlich zu den bereits bekannten Kommandos, die wir noch ausbauen, werden wir in der nächsten Trainingsphase auch weitere Signalwörter einführen.

Stufe Vier: Training unter größerer Ablenkung

Durch die vielen verschiedenen Situationen, die Ihr Welpe an Ihrer Seite in den letzten Wochen schon erlebt hat, fühlt er sich inzwischen auch draußen immer sicherer. Nun wird es Zeit, das Training der unterschiedlichen Kommandos mehr und mehr auch unter Ablenkung durchzuführen. Dabei werden Sie unter Umständen auch den einen oder anderen Schritt zurück machen müssen, indem Sie vielleicht das Tempo anpassen, die Belohnung wieder steigern oder Kommando-Kombinationen, die innerhalb der Wohnung schon prima klappen, wieder vereinzeln. Es ist wichtig, dass Sie alle Übungen geduldig so lange durchführen, bis der Welpe sie wirklich sicher befolgt, und erst dann den nächsten Schritt machen und auf dem Gelernten aufbauen. Aber seien Sie gewiss, je konsequenter und einfühlsamer Sie jetzt weiter mit dem Hund arbeiten, desto schneller und nachhaltiger werden Sie sich über Ihre gemeinsamen Erfolge freuen können.

Zeitplan für Stufe Vier: Etwa sieben bis zehn Tage

Die „Hier!-Sitz!"-Kombi mit An- und Ableinen und Leinenführigkeit

Das Kommen auf Ruf und Pfiff haben Sie ja bereits bei den Spaziergängen im offenen, ungefährlichen Gelände geübt, und auch die „Sitz"-Übung hat der Hund bereits draußen gut befolgt. Nun dürfte er sicher genug sein, um beides zu kombinieren und mit dem An- und Ableiten zu verknüpfen. Wie immer, sollten Sie zu Beginn mit dem Welpen erst eine Weile nur laufen, spielen, ihn schnuppern lassen, damit er sich austoben kann. Noch immer bauen Sie plötzliche Richtungswechsel ein, damit der Kleine aufmerksam darauf achtet, nicht den Anschluss zu verlieren. Wenn er sehr unternehmungslustig ist, können Sie sich zwischendurch auch einfach hinter einem Baum oder im Gebüsch verstecken und ihn abwartend heimlich beobachten - sobald er merkt, dass Sie aus seinem Blickfeld verschwunden sind, wird er schleunigst angelaufen kommen und nach Ihnen suchen.

Nach ein paar Minuten freiem Auslauf rufen Sie Ihren Hund mit „Hier!" und Pfiff zu sich und lassen ihn mit Handzeichen sitzen. Loben und belohnen Sie ihn, während er aber sitzenbleiben muss. Dann leinen Sie ihn an die Führleine an und gehen langsam mit ihm voran. Will er nun an der Leine zerren, um schnell voran zu kommen, bleiben Sie sofort stehen und ziehen mit „Schau!" seine Aufmerksamkeit auf sich. Sobald die Leine locker hängt, geht es weiter. Hat er die Übung schon verstanden und geht brav neben Ihnen, dann loben Sie ihn schon nach wenigen Schritten sehr überschwänglich und belohnen ihn. Bereits nach einigen gelungenen Versuchen lassen Sie ihn wieder sitzen, loben ihn mit „fein!" und haken die Führleine wieder aus. Erst auf Ihr Kommando „Lauf!" (oder das von Ihnen gewählte Signalwort) darf er wieder ein paar Minuten nach Herzenslust herumlaufen, spielen und schnüffeln. Wiederholen Sie nun während des Spazierganges diese Übungseinheiten mehrmals, immer nur für wenige Minuten. Wenn der Welpe sehr kooperativ ist, können Sie zwischendurch auch das Kommando „Platz!" nach dem „Sitz!" einbauen. Schauen Sie einfach, wie gut sich Ihr Hund unter der vielfältigen Ablenkung in der Natur konzentrieren kann, und gehen Sie lieber wieder einen Trainingsschritt zurück, wenn ihn das überfordert und er nur unzureichend die Kommandos befolgt. Ein solcher Trainings-Spaziergang sollte für den Hund immer mit einer Freilauf-Phase nach erfolgreicher Übung enden.

An Pflegemaßnahmen gewöhnen

Je nachdem, welche Fellbeschaffenheit Ihr erwachsener Hund später haben wird, müssen Sie ihn mehr oder weniger oft bürsten und striegeln, vielleicht muss er auch ab und zu zum Hundefriseur. Regelmäßiges Bürsten verhindert außerdem, dass sich zu viele lose Haare in Ihrer Wohnung, an Sitzmöbeln und Kleidungsstücken sammeln. Darüber hinaus muss sich Ihr Hund jederzeit weitere Pflegemaßnahmen von Ihnen gefallen lassen, denn zu einem allgemeinen Gesundheits-Check gehört die Kontrolle von Ohren, Augen und Zähnen unbedingt dazu. Kleine Verletzungen an den Pfoten oder der Haut, Zecken, die sich bereits festgebissen haben, oder einfach nur grober Schmutz, der vor Betreten der Wohnung entfernt werden soll - es gibt viele Gelegenheiten, in denen Sie den Hund untersuchen, abtasten oder behandeln müssen. Daher ist es wichtig, bereits den Welpen an diese unterschiedlichen Pflegemaßnahmen zu gewöhnen, damit er diese als selbstverständlich kennenlernt und akzeptiert.

Am besten beginnen Sie mit dieser Gewöhnung, während Sie in entspannter Atmosphäre den Welpen gerade ausgiebig streicheln und mit ihm kuscheln. Möglichst machen Sie das nach einem längeren Spaziergang, wenn der Hund ausgetobt und schon etwas müde ist. Fassen Sie dabei vorsichtig seine Ohren und schauen hinein, ziehen seine Lefzen etwas hoch und begutachten seine Zähne, und halten Sie sein Köpfchen locker so, dass Sie das untere Augenlid mit dem Daumen etwas nach unten ziehen und die Bindehaut betrachten können. Mit einer nicht zu harten Hundebürste striegeln Sie vorsichtig sein noch weiches Baby-Fell, und tun Sie dabei auch so, als würden Sie ihn nach Zecken oder kleinen Verletzungen absuchen. Wenn der Hund entspannt neben Ihnen liegt, können Sie auch die Pfoten vorsichtig untersuchen, indem Sie mit den Fingern die kleinen Ballen etwas auseinanderziehen und die Zwischenzehenhäute abtasten.

Viele Hunde mögen es nicht so gerne, am Bauch oder unterhalb der Rute gebürstet zu werden, daher sollten Sie diese Stellen besonders vorsichtig, aber geduldig und konsequent bearbeiten. Lassen Sie keine Stelle aus, nur weil Ihr Kleiner vielleicht unmutig reagiert, denn dann wird er Sie später erst recht nicht an diese Körperstellen kommen lassen. Gehört Ihr Vierbeiner zu einer langhaarigen Rasse oder muss später getrimmt oder geschoren werden, dann sollten Sie ihn auch bereits jetzt daran gewöhnen, auf einem Tisch zu stehen. Am Anfang nutzen Sie dazu noch keinen wirklich hohen Tisch, sondern erst einmal nur ein Brett, welches Sie in geringer Höhe über zwei Balken legen. Locken Sie den Hund mit einem guten Leckerchen auf das Brett und belohnen ihn sofort, wenn er auch nur eine Pfote daraufsetzt. Diese Übung bauen Sie geduldig aus, bis er komplett auf das Brett klettert und sich dort auf Kommando auch hinsetzt und hinlegt. Erst dann versuchen Sie, das Brett langsam immer höher zu legen, bis der Welpe schließlich auch auf einem richtigen, stabilen Tisch ohne Angst steht, sitzt oder liegt. Bleiben Sie auf jeden Fall immer ganz dicht am Tisch, um im Falle eines Falles einen Sturz zu verhindern. Ist die Tischoberfläche sehr glatt, legen Sie eine rutschfeste Unterlage darauf. Auch das Hochheben auf den Tisch üben Sie bei diesen Gelegenheiten, denn auch beim Tierarzt muss der Hund zur Untersuchung auf den Behandlungstisch gehoben werden. Dazu sollten Sie den Hund mit einem Arm um die Brust und mit dem anderen um das Hinterteil greifen, so haben Sie ihn fest und sicher im Griff.

Spaziergänge an belebten Orten

Bis zum Ende der Sozialisierungsphase Ihres Welpen bleiben nun noch etwa vier Wochen. Da ein Hund in dieser Zeit sehr viel schneller lernt und sich leichter an die verschiedensten Umweltreize gewöhnen kann als danach, sollten Sie ihm jetzt möglichst viele unterschiedliche Eindrücke vermitteln und dabei auch den Stressfaktor langsam steigern. Selbstverständlich müssen Sie dabei immer sensibel auf die Reaktionen des Hundes achten - zeigt er sehr große Angst und Unsicherheit, nehmen Sie ihn zügig aus der Situation heraus und versuchen es einige Tage später erneut. Auch wenn es ein absolut menschliches und nachvollziehbares Bedürfnis ist, den kleinen Hund beruhigend zu streicheln oder gar mit Leckerchen zu füttern, sollten Sie das nicht tun - es prägt sich bei Ihrem Hund dann als Belohnung seines Angstverhaltens ein. Besser ist es, Sie verhalten sich selber völlig unbeeindruckt, lenken den Welpen zum Beispiel mit spannenden Geräuschen oder seinem Lieblingsspielzeug von den Stressauslösern ab und verlassen zügig, aber nicht hektisch mit ihm die Umgebung, bis es wieder ruhiger wird und der Hund sich sichtlich entspannt. Erst dann loben und belohnen Sie ihn, damit er dies mit seinem aktuellen Verhalten verbindet.

Mögliche Ziele für solche Ausflüge mit erhöhtem Stressfaktor könnten zum Beispiel die städtische Einkaufsstraße sein, ein gut besuchter Marktplatz, ein Bahnhof oder Rummelplatz. Hier kommen neben vielen Menschen auch zahlreiche unterschiedliche, laute Geräusche und viele unbekannte Gegenstände und Objekte zusammen. Bitte steigern Sie sich langsam und vorsichtig mit Ihrem Hund, und verlangen Sie dann nicht noch zusätzlich, dass er irgendwelche Kommandos wie „Sitz!" befolgt, das würde ihn absolut überfordern. Ganz wichtig: Für solche Sozialisierungs-Ausflüge müssen Sie absolut sicherstellen, dass Leine und Halsband oder Geschirr so festsitzen, dass Ihr Welpe sich nicht herauswinden kann.

Parallel zu solchen Extrem-Ausflügen sollten Sie nun die Übungen, welche Ihr Hund schon gut kennt und befolgt, also etwa Sitz, Platz und Schau, unter sich langsam steigernder Ablenkung durchführen. Haben Sie bislang auf einer ruhigen Wiese oder einem abgelegenen Feldweg trainiert, verlegen Sie die Schulstunden nun in belebtere Gegenden, die aber dennoch den Hund nicht überfordern. Wenn Sie merken, dass er sich überhaupt nicht konzentrieren kann und sehr ablenken lässt, brechen Sie ab, verlegen das Training in ruhigere Gefilde und starten den nächsten Versuch am nächsten oder übernächsten Tag. Sofern Sie einen Welpen-Kurs in einer guten Hundeschule besuchen, sollten auch dort Ausflüge und Trainings mit steigender Ablenkung eingeplant sein.

Die Übung „Aus!" verfeinern

Bereits in der vorherigen Trainingsstufe Drei haben Sie mit dem Welpen geübt, ein Spielzeug auf ein bestimmtes Kommando hin abzugeben, indem Sie mit ihm gegen einen besonderen Belohnungshappen „getauscht“ haben. In der erweiterten Übung hat der Hund gelernt, dass er einen Gegenstand, eben das Spielzeug, auch nicht aufnehmen soll, wenn Sie „Aus!“ sagen. Jetzt soll er auch noch akzeptieren, dass er selbst einen guten Leckerbissen nicht nehmen soll, wenn Sie das nicht möchten.

Zunächst nehmen Sie einige Brocken seines normalen Futters oder die „Allerwelts-Belohnungshäppchen“, die er oft bekommt. Zusätzlich halten Sie für den Hund unsichtbar noch einige richtig gute Leckerlis wie Käse oder gekochtes Hühnerfleisch bereit, etwa in Ihrer Hosentasche oder einem Futterbeutel am Gürtel. Der erste sollte schon gut versteckt in Ihrer linken Hand liegen. Jetzt geben Sie dem Welpen einzelne Futterbrocken auf Ihrer flach ausgestreckten rechten Hand, ohne dazu ein Kommando zu geben. Nachdem er drei bis fünf Brocken so einfach bekommen hat, halten Sie wieder die Hand hin, verschließen diese aber, bevor er den Happen aufnehmen kann, und sagen freundlich „Aus!“. Nun wird er wahrscheinlich versuchen, den Brocken aus Ihrer Hand zu bekommen, hat damit aber keinen Erfolg. Sobald sich der Welpe nun von der Hand abwendet, sich hinsetzt oder Sie fragend anschaut, loben

Sie ihn begeistert mit „Fein! Aus!" und geben ihm mit der anderen Hand eines der viel besseren Häppchen. Auch diese Übung wird jetzt mehrfach kurz nacheinander wiederholt, und ab jetzt bauen Sie diesen Übungsblock täglich mehrmals ins Programm ein.

Sobald das gut klappt, legen Sie die einfachen Futterbrocken einzeln vor der Hundenase auf den Boden. Die ersten drei bis fünf darf der Vierbeiner wieder aufnehmen, ohne etwas dafür zu tun. Den nächsten decken Sie nun locker, aber konsequent mit der rechten Hand oder Ihrem Fuß ab, sagen „Aus!" und warten, bis der Hund nicht mehr stupst und drängelt, sondern von Hand/Fuß und Futter ablässt. Sofort kommt das Lob „Fein! Aus!" und die bessere Belohnung mit der anderen Hand. Bis diese Übung wirklich gut sitzt, kann es je nach Temperament und Fresslust Ihres Hundes mehr oder weniger lange dauern. Bleiben Sie einfach am Ball, üben Sie immer weiter, bis der Hund auf Ihr Kommando „Aus!" wirklich jeden Gegenstand, selbst wenn er sehr verlockend riecht, entweder ausspuckt oder gar nicht erst aufnimmt. Damit das verlässlich klappt, müssen Sie unter Umständen sehr lange mit echt tollen Belohnungshappen arbeiten, selbst wenn Sie für andere Kommandos und Übungen die Leckerlis bereits mehr und mehr gegen verbales Lob ausgewechselt haben. Lässt sich Ihr Hund alternativ auch für ein besonderes Spielzeug wie einen Wurf-Ball oder eine Frisbee begeistern, können Sie natürlich auch dieses sehr gut als besondere Belohnung einsetzen.

Dicht an Ihrer Seite laufen

Während Sie das Laufen an lockerer Leine bereits geübt haben, wird es auch immer wieder Situationen geben, in denen Ihr Hund ganz dicht an Ihrer Seite laufen muss. Soll er Sie beispielsweise in der bevölkerten Einkaufsstraße begleiten oder kommt Ihnen beim Spaziergang eine Gruppe

Kindergartenkinder oder Fahrradfahrer entgegen, ist selbst die locker durchhängende Führleine noch zu lang. Daher üben Sie nun - zunächst wieder ohne Ablenkung in der Wohnung - das Laufen dicht an Ihrer Seite.

Es hat sich eingebürgert, den Hund möglichst an der linken Körperseite zu führen. Dies hat seine Wurzeln wahrscheinlich in der Ausbildung von Dienst- und Jagdhunden, da die meisten Menschen Rechtshänder sind und dann ihre Waffe eben auch an der rechten Körperseite tragen, somit war die linke Seite frei für den Hund. Bei der Einführung der Handzeichen für Sitz und Platz in Stufe Drei haben wir daher auch die rechte Hand als „Zeichen-Hand" gewählt. Im Prinzip ist es aber egal, an welcher Seite Sie Ihren Hund laufen lassen, die Hauptsache ist, dass Sie die einmal gewählte Seite dann auch beibehalten. Ist Ihr Hund sehr lernbereit und willig, können Sie ihm sogar beibringen, je nach Signalwort (zum Beispiel „Links!" und „Rechts!") mal auf der einen, mal auf der anderen Körperseite zu laufen. Das gibt Ihnen als Hundeführer die Möglichkeit, den Hund je nach Situation immer an die Seite zu beordern, die für ihn am sichersten ist. Dazu sollte der Vierbeiner aber zunächst auf eine Seite konditioniert werden, um ihn nicht zu überfordern. Wenn das dann gut klappt, bauen Sie die Übung für die andere Seite ebenso auf.

Beginnen Sie, indem Sie den Welpen in der Wohnung und ohne Ablenkung zu sich rufen, ihn sitzen lassen und dann an die kurze Führleine nehmen. Wir beschreiben nun das Laufen des Hundes an Ihrer linken Körperseite - möchten Sie den Hund rechts führen, denken Sie bitte jeweils um. Sie stehen auf der rechten Seite des sitzenden Hundes, halten die Leine locker mit der rechten (!) Hand, aber bitte so, dass Sie nicht darüber stolpern, und nehmen in die linke ein etwas größeres Belohnungshäppchen. Das halten Sie dem Welpen nun dicht vor die Nase, lassen ihn daran lecken, halten es aber fest und gehen nun nicht zu langsam los. Ihre linke Hand bleibt dicht an Ihrem linken Knie und immer direkt vor der Hundenase. Das kann je nach Größe des Welpen etwas anstrengend sein, aber nur so lernt der Hund, welche Position Sie von ihm erwarten. Das Kommando, beispielsweise „Fuß!", „Bei Fuß!" oder eben „Links!" geben Sie zwei- bis dreimal, sobald der Kleine die ersten Schritte mit Ihnen macht und dabei dicht mit der Nase am Leckerchen und somit an Ihrer Seite bleibt. Er darf daran lecken oder knabbern, aber er bekommt es nicht ganz. Nach wenigen erfolgreichen Metern halten Sie an, führen das Häppchen nun über den Hundekopf nach hinten, sagen „Sitz!" und lassen ihn die Belohnung vollständig fressen. Diesen Übungsablauf trainieren Sie in den nächsten Tagen wieder in vielen kurzen Sequenzen. In der nächsten Trainingsstufe werden wir das Bei-Fuß-Gehen ausbauen und alltagstauglich machen.

Der Hund soll in einer Position bleiben

Inzwischen beherrscht Ihr Welpe bereits die Kommandos „Sitz!" und „Platz!". Er weiß auch, dass er diese Stellungen halten muss, bis Sie ihn entweder zum Weitergehen auffordern oder mit „Lauf!" ganz aus der Übung entlassen. Nun bauen wir darauf auf und lassen den Hund in einer bestimmten Position bleiben. Das ist eine sehr wichtige und nützliche Übung, denn so können Sie Ihren Vierbeiner später zum Beispiel im Restaurant, vor dem Bäckerladen oder in anderen Situationen sicher warten lassen und sich bestenfalls sogar aus seinem Blickfeld entfernen.

Auch diese Übung sollten Sie zunächst wieder ohne Ablenkung in der Wohnung trainieren, wenn der Hund bereits etwas ausgepowert und entspannt ist. Leinen Sie den Welpen dazu an der Führleine an und bewegen sich ein paar Schritte mit ihm durch das Zimmer. Dann stoppen Sie und lassen ihn an Ihrer Seite zunächst Sitz, dann Platz machen und belohnen ihn entsprechend. Bei den meisten Hunden klappt die „Bleib!"-Übung im Liegen sicherer als im Sitzen, daher sollten Sie in dieser Position das Training beginnen. Nun warten Sie einen Moment, der Hund sollte entspannt neben Ihnen liegen bleiben. Dann sagen Sie mit ruhiger Stimme „Bleib!" oder „Warte!", je nachdem, welches Wort Sie ausgesucht haben. Als Handzeichen winkeln Sie die rechte Hand mit nach oben gestreckter Handfläche im Ellbogengelenk an. Nun treten Sie in einer ruhigen Dreh-Bewegung und mit erhobener Hand direkt vor den Hund, ohne sich von ihm zu entfernen, bleiben einen Moment vor ihm stehen und sagen „Fein! Bleib!". Halten Sie nun bitte kein Leckerchen in der Hand, das würde den Welpen sonst animieren, aufzustehen. Dann drehen Sie sich zurück an seine Seite und fordern ihn auf, wieder ins „Sitz" zu kommen. Erst dann wird er mit einem Happen belohnt, und Sie laufen wieder ein paar Schritte mit ihm durch das Zimmer. Nach mehreren Wiederholungen dieser Übung gönnen Sie ihm eine Pause.

Bei der nächsten Trainingseinheit treten Sie, wenn Sie direkt vor dem liegenden Hund stehen, zusätzlich noch einen Schritt zurück und sagen wieder ruhig „Bleib!". Warten Sie nur wenige Sekunden, dann treten Sie wieder vor und dann seitwärts neben den Welpen und belohnen ihn. So können Sie von Übung zu Übung den Abstand zwischen sich und dem liegenden Hund ganz langsam vergrößern bzw. die Zeitspanne, bis Sie wieder neben ihn treten, verlängern. Arbeiten Sie am besten abwechselnd an der Entfernung und der Zeit, dann bauen Sie Stück für Stück die Übung weiter aus. Erst, wenn der Welpe bei dieser Übung im Zimmer ohne Ablenkung sicher eine Distanz von etwa zwei Metern zu Ihnen und eine Zeitspanne von mindestens zwei Minuten aushält, ohne aufzustehen, sollten Sie das Training auch draußen unter leichter Ablenkung weiterführen.

Erfolgreicher Abschluss von Stufe Vier:

In den letzten sieben bis zehn Tagen haben Sie mit Ihrem Hund schon wieder große Fortschritte gemacht. Es ist schon sehr beeindruckend, in welchem Tempo der Kleine nun lernt. Gegenseitig können Sie sich inzwischen sehr gut einschätzen, zusammen sind Sie ein fest eingespieltes Team. In seinem Zuhause und mit Ihnen und Ihrer Familie fühlt sich der Welpe sicher und geborgen, und mit diesem stabilen Rückhalt kann er jede neue Herausforderung meistern.

Stufe Fünf: Gelerntes festigen

Wie schnell doch die Zeit vergeht. Nun ist Ihr kleiner Vierbeiner schon ungefähr 14 Wochen alt und nähert sich mit Riesenschritten dem Ende seiner Welpenzeit, denn ab einem Alter von 16 Wochen spricht man vom Junghund. Er ist jetzt schon ein wirklich gut erzogener Vierbeiner, der viele unterschiedliche Kommandos kennt und befolgen kann. Die meisten der grundlegenden Signale haben Sie sich zusammen schon erfolgreich erarbeitet, jetzt heißt es, diese noch zu festigen und den Hund in unterschiedlichsten Situationen sicher im Griff zu haben.

Zeitplan für Stufe Fünf: Etwa sieben bis zehn Tage

Das „Bei-Fuß"-Laufen festigen

Das Bei-Fuß-Gehen in der Wohnung und ohne Ablenkung klappt inzwischen schon prima. Nun machen wir diese Übung alltagstauglich. Aus den anfangs geraden Strecken werden Kurven, schließlich Kreise oder Sie gehen im Viereck, und der Welpe bleibt durch den Leckerbissen in Ihrer Hand immer dicht an Ihrer Seite. Je besser das klappt, desto eher verlagern Sie die Trainings nun auch nach draußen und üben unter Ablenkung. Zunächst im Garten oder auf dem Rasen vor dem Haus, später auch unterwegs bei den täglichen Spaziergängen. Beispielsweise können Sie mit dem schon gut bei Fuß gehenden Welpen auch über wechselnde Untergründe laufen oder kleine Hindernisse wie Baumstämme oder einen Bachlauf überwinden. Mit jeder Steigerung im Schwierigkeitsgrad muss die Belohnung wirklich gut sein und sich für den Hund lohnen. Sie müssen nun aber nicht mehr immer in gebückter Haltung neben Ihrem Welpen laufen, sondern mit zunehmender Sicherheit der Übung halten Sie die Hand mit der Leckerei etwa auf Hüfthöhe, lassen ihn dahin schauen und geben das Kommando „Fuß!". Wird die Ausführung aber ungenau oder springt der Hund nun nach Ihrer Hand, müssen Sie wieder einen Schritt zurück gehen und sich hinunterbeugen.

Erst, wenn Sie sicher sind, dass Ihr Welpe die Übung sicher ausführt, bauen Sie nach und nach die Belohnungshäppchen ab. Das gelingt, indem zunächst die Strecken, welche Sie mit dem Hund dicht an Ihrer Seite laufen, schrittweise immer weiter ausgedehnt werden, bevor er den Happen endlich ganz bekommt. Dann halten Sie die Belohnung nicht mehr von Anfang an in der Hand, sondern nehmen sie erst zum Ende der Übung aus dem Futterbeutel oder Ihrer Tasche. Wenn Sie ein Handzeichen einführen möchten, dann können Sie mit der linken Hand seitlich an Ihren Oberschenkel klopfen und gleichzeitig das Kommando „Fuß!" geben. Gleichzeitig loben Sie den Hund mehr und mehr auch verbal mit „Fein!". Und denken Sie unbedingt daran, ihn immer erst aus dem Bei-Fuß-Gehen zu entlassen, nachdem er neben Ihnen brav Sitz gemacht hat und Sie schließlich das Ende der Übung mit „Lauf!" bestimmt haben.

Bitte erwarten Sie nun nicht von Ihrem Hund, dass er in Zukunft bei jedem Gang brav und konsequent in der Bei-Fuß-Position bleibt. Diese Art des Laufens ist für jeden Hund sehr anstrengend, und vor allem energiegeladene, bewegungsaktive Hunde können das nicht permanent leisten. Wenn Sie also zu einem Ihrer Spaziergänge starten, der Hund sich freut und bereits mehrere Stunden oder sogar die ganze Nacht brav und ruhig geblieben ist, muss er sich unbedingt erst einmal austoben.

Natürlich soll er sich nicht mit aller Kraft in die Leine werfen und Sie zu jeder Duftmarke und jedem Baumstamm zerren, denn das locker an der Leine gehen hat er ja bereits gelernt. Aber bevor Sie von ihm eine längere Bei-Fuß-Phase erwarten, machen Sie einen ausgiebigen Gang, auf dem der Vierbeiner sich möglichst im Freilauf oder zumindest an der langen Schleppleine lösen, nach Herzenslust schnuppern und bestenfalls beim Spiel mit einem Ball oder anderen Spielzeug auspowern darf. Erst dann wird er genügend Konzentration aufbringen, um brav längere Zeit bei Fuß zu laufen.

Das „Bleib!" ausbauen

Während der Hund in der Platz-Position brav liegenbleibt und Sie sich vor ihm stehend bereits etwa zwei Meter entfernen können, beginnen Sie nun, zusätzlich auffälligere Bewegungen zu machen: Fuchteln Sie mit den Armen, heben Sie die Knie deutlich an und gehen auf der Stelle, beugen sich vor, zurück oder seitwärts. Dies alles muss der Hund liegend an seinem zugewiesenen Platz aushalten, ohne sich zu erheben. Also steigern Sie die Schwierigkeit langsam, nicht zu abrupt. Beendet wird das „Bleib!" immer erst, wenn Sie wieder neben Ihrem Welpen stehen, ihn in die Sitzposition holen und belohnen und die Übung schließlich auflösen, indem Sie weitergehen oder den Hund mit „Lauf!" entlassen. Vermeiden Sie es, Ihren Hund aus dem Bleib zu sich zu rufen, sondern achten Sie darauf, dass Sie ihn jedes Mal aus dieser Position abholen. Nur so kann er begreifen, dass er unter allen Umständen dort liegenbleiben soll, wo Sie ihn abgelegt haben.

Innerhalb der Wohnung können Sie den Schwierigkeitsgrad steigern, indem Sie den Hund in Sichtweite (etwa zwei Meter) in die Platz-Position bringen, ihn mit „Bleib!" dort liegen lassen und seine gefüllte

Futterschüssel an den Futterplatz stellen. Dann gehen Sie zügig zurück zu ihm, lassen ihn sitzen und lösen mit „Lauf!" die Übung auf. Das Futter ist hier gleichzeitig die Belohnung. Auch, wenn Sie sich die Spaziergangs-Jacke anziehen, können Sie den Kleinen zuerst im „Platz! Bleib!" in unmittelbarer Nähe ablegen und sich zunächst fertig machen, bevor Sie wieder neben ihn treten und ihn zum Mitkommen auffordern.

Aber Achtung: Wenn der Hund einen Moment oder später auch schon länger alleine zuhause bleiben soll, dann ist das Kommando „Bleib!" auf keinen Fall anzuwenden! Denn Ihr Welpe hat nun gelernt, dass er aus dem Bleib nicht alleine aufstehen darf, und das kann er nicht über längere Zeit alleine zuhause leisten. Hier ist das kurze, emotionslose „Warte!" das richtige Signal, und der Hund kann sich dann ablegen, wo er möchte, um auf Ihre Rückkehr zu warten.

Je mehr Fortschritte der Welpe bei dieser Bleib-Übung macht, desto schwieriger gestalten Sie die Umstände. Legen Sie nun die Führleine, mit der Sie ihn bisher noch gehalten haben, auf den Boden und bewegen sich vor ihm einige Schritte hin und her, weiter von ihm weg, im Kreis um ihn herum, aber achten Sie ganz akribisch darauf, dass er liegenbleibt. Sollte er doch einmal aufstehen, treten Sie auf die am Boden liegende Leine, nehmen ihn kommentarlos an die Seite, bringen ihn zurück zum Ausgangspunkt und bauen die Übung dort neu auf, entfernen sich dieses Mal wieder nur so weit, wie der Hund es aushält. Steigern Sie sich langsam und passen das Tempo dem Hund an. Irgendwann ist er dann so entspannt, dass Sie auch kurz aus seinem Blickfeld verschwinden können, indem Sie etwa hinter einen Busch oder Baum treten oder um eine Hausecke biegen. Anfangs reichen ganz kurze Sekundensequenzen, bevor Sie wiedererscheinen und, zurück beim Hund, diesen sehr ausgiebig mit begeistertem „Fein!" und ganz besonderen Häppchen oder einem ausgelassenen Spiel belohnen.

Bevor Sie Ihren Vierbeiner aber tatsächlich vor dem Bäckerladen ablegen können, um im Laden Brötchen zu holen, braucht es noch einige Zeit und viele Trainingseinheiten. Ist es ein kleiner Laden und Sie können von der Türe aus Ihre Bestellung hineinrufen, während der Hund Sie noch sieht, kann es eine gute Übung sein, dann binden Sie die Leine aber draußen sicher an, damit er nicht weglaufen kann. Trainieren Sie das „Bleib!“ unter zunehmender Ablenkung und überall dort, wo keine Gefahr für den Hund besteht, sollte er doch einmal aufstehen. Und wie bei allen anderen Übungen zuvor: Bleiben Sie geduldig, überfordern Sie Ihren Welpen nicht und passen Sie das Tempo immer dem Hund an.

Das Herankommen unter immer stärkerer Ablenkung

Wenn Sie unterwegs auf den Spaziergängen in ruhiger Umgebung Ihren Hund mit Kommando und Pfiff zu sich rufen, kommt er bereits zuverlässig angelaufen. Aber wie sieht es aus, wenn er gerade mit einem anderen Hund fröhlich herumtollt oder ein paar Vögel auf dem Feld entdeckt hat, die er zu gerne aufscheuchen möchte? Hier ist jetzt Ihr ganz besonderes Gespür für den richtigen Moment gefragt: Aus dem wilden Hundespiel können Sie Ihren Hund nur herausrufen, wenn er gerade von sich aus kurz innehält und bestenfalls zu Ihnen hinschaut, und den Run auf die Vögel können Sie nur stoppen, wenn Sie diese zuerst sehen und den Hund sofort (!) und extrem spannend (!) ablenken.

Ist er bereits losgelaufen, dann sollten Sie ihn gar nicht rufen, denn entweder hört er Sie sowieso nicht mehr oder er lernt, dass es seine Entscheidung ist, ob er jetzt kommt oder erst später. In diesem Fall laufen Sie stattdessen lautlos in die entgegengesetzte Richtung und verstecken sich hinter einem Gebüsch oder Baum, aber so, dass Sie den Hund noch sehen können, er Sie aber nicht. Sind die Vögel aufgeflogen, verliert er das Interesse und will zu Ihnen zurück, aber nun sind Sie weg. Sehr eilig wird er nun zurücklaufen und nach Ihnen suchen oder unschlüssig stehen bleiben, und Sie lassen ihn ein paar Sekunden „schmoren", bevor Sie ihn mit Geräuschen auf sich aufmerksam machen. Kommt er zu Ihnen hingelaufen, rufen Sie kurz, bevor er bei Ihnen ankommt „Hier!" und belohnen ihn mit „Fein!" und streicheln ihn. Würden Sie ihn jetzt ausschimpfen, weil er die Krähen gescheucht hat, kann der Welpe das nicht verstehen und verbindet das Schimpfen mit seinem Kommen zu Ihnen. Der Jagdinstinkt ist bei fast allen Hunden vorhanden, allerdings kann er individuell stärker oder schwächer ausgeprägt sein. Hier gilt es, den Anfängen zu wehren und Ihren Hund rechtzeitig davon abzubringen, damit er nicht jeder Katze oder auch Joggern oder Fahrradfahrern hinterherlaufen will. Lernt er das nicht bereits als Welpe zuverlässig, muss er später wahrscheinlich permanent an der Leine bleiben.

Schauen wir aber zunächst auf die beiden spielenden Hunde. Sie haben Ihrem Welpen das Herumtollen mit dem Artgenossen erlaubt, aber nun wollen Sie weiter oder es ist Zeit, nach Hause zu gehen. Passen Sie nun einen Moment ab, in dem die beiden eine kurze Pause einlegen und im Spiel verharren. Genau dann sprechen Sie Ihren Hund einmal deutlich mit seinem Namen an, und sobald er zu Ihnen hinschaut, bewegen Sie sich schnell und mit auffälligen Bewegungen und Geräuschen von ihm weg. Sobald Sie aus den Augenwinkeln sehen, dass er hinter Ihnen herläuft, geben Sie das Signal „Hier!" und pfeifen dazu, laufen aber weiter. Er wird sicher noch schneller laufen, und kurz bevor er Sie einholt, wenden Sie sich ihm zu, breiten die Arme aus, rufen „Fein! Hier!" und nehmen ihn in Empfang. Sofort wird er dann mit ein paar richtig guten Leckerchen belohnt und ordentlich geknuddelt, bevor Sie ihn sitzen lassen und schließlich anleinen. Diese Übung eignet sich auch hervorragend für die Welpen-Spielgruppe in der Hundeschule, da hier die Ablenkung zum einen besonders groß ist, zum anderen aber vom Trainer auch gut gesteuert werden kann. Um Ihrem Welpen das Kommen auf Ruf jederzeit auch unter diversen Ablenkungen schmackhaft zu machen, arbeiten Sie in dieser Phase mit besonders attraktiven Belohnungen, die es nicht für ein einfaches „Sitz!“ gibt oder für das Herankommen ohne jede Ablenkung. Manche Hunde freuen sich sogar mehr über ein kurzes, spannendes Spiel mit ihrem Menschen oder über ein ganz besonderes Spielzeug, welches Sie sonst nicht herausrücken, als über eine fressbare Belohnung. Testen Sie das aus, und je erstrebenswerter der Lohn für Ihren Welpen ist, desto erfolgreicher werden Sie ihn immer und überall abrufen können.

Zeigt Ihr Welpe bereits Anzeichen für eine ausgeprägte Jagdlust, indem er vielleicht jedem Vogel oder wehenden Blatt hinterherlaufen möchte oder intensiv mit der Nase auf Fährten arbeitet, dann versuchen Sie, ihn auf ein besonderes Spielzeug oder ein Futterdummy aus dem Zoofachhandel zu konditionieren. Solche Hunde haben meist großen Spaß am Apportieren eines Wurfballes oder des mit Leckerchen gefüllten Dummys, und darüber kann man versuchen, den Jagdtrieb in geregelte Bahnen zu lenken. Üben Sie zunächst in umgrenzen Bereichen, anfangs in der Wohnung, später im eigenen Garten oder auf einer Wiese oder einem Platz fernab von Wald und Wild.

Zunächst müssen Sie das Apportier-Objekt für Ihren Hund richtig interessant machen. Das erreichen Sie, indem Sie selber sich damit sehr auffällig und mit begeisterten Lautäußerungen („Oh, das ist ja toll! So was Feines habe ich hier! Was ist das denn bloß?“) beschäftigen, es dem Hund aber zunächst nicht geben. Lassen Sie ihn zusehen, wie Sie das Dummy mit guten Happen befüllen oder den Ball von einer Hand in die andere werfen. Er wird neugierig vor Ihnen stehen oder sogar aufgeregt herumhüpfen, und wenn die Spannung groß genug ist, dann werfen Sie das Objekt ein kleines Stück von sich weg und sagen begeistert „Apport!" (oder „Bring!" oder „Hol!"), sobald der Welpe hinterher spurtet und es aufnimmt. Selbst wenn er nur gespannt daran schnuppert, loben Sie ihn mit „Fein!" und animieren ihn dazu, es aufzunehmen. Klappt das nicht sofort, wiederholen Sie den Ablauf, und schon bald wird Ihr Hund so begeistert von dem neuen Spiel sein, dass er kooperiert. Sobald er das Wurfobjekt im Fang hat, locken Sie ihn ebenso spannend zu sich zurück, aber nicht mit „Hier!", sondern durch auffälliges Verhalten. Kommt er nicht sofort, drehen Sie um und laufen ein paar Schritte von ihm weg, dann wird er sicher in Spiellaune hinterherrennen. Sobald er bei Ihnen ankommt, loben Sie ihn und lassen ihn einen Moment mit dem Objekt spielen, es schütteln, vielleicht machen Sie ein kleines Zerrspiel damit. Dann bringen Sie wieder Ruhe in die Situation, lassen den Hund sitzen und auf das Kommando „Aus!" das Objekt an Sie abgeben. Für einen Ball gibt es ein Häppchen zum Tausch, bei einem Dummy entnehmen Sie eine Belohnung direkt daraus und geben sie dem brav sitzenden Hund. Machen Sie das Spiel direkt noch einmal, und beenden Sie nach mehreren erfolgreichen Versuchen, aber bevor der Hund die Lust verliert und von selber aufhört. Nach mehreren Übungseinheiten in der Wohnung und im Garten sollte der Vierbeiner dieses spannende Spiel lieben.

Wenn Sie nun unterwegs sind, nehmen Sie das Apportier-Spielzeug immer gut verborgen in der Jackentasche mit und zaubern es während des Spaziergangs in einer entspannten Situation, wenn der Kleine etwa gerade am Wegrand schnüffelt oder brav neben Ihnen trottet, plötzlich hervor. Machen Sie es spannend, und sobald der Hund aufmerksam wird und sieht, was Sie da haben, werfen Sie das Objekt mit dem Signalwort „Apport!“ ein Stück von sich weg (anfangs noch nicht zu weit!) und lassen ihn hinterher wetzen. Nach ein paar Spieleinheiten packen Sie das Wurfspielzeug aber auch wieder ein, damit es nicht zu selbstverständlich für den Hund wird, sondern etwas ganz Besonderes bleibt. Mit der Zeit werden Sie nun unter vermehrter Ablenkung testen, ob der Welpe sich durch das Hervorholen des Apportierobjektes zuverlässig zum Spielen animieren lässt. Um ihn in jeder spannenden Situation damit ablenken zu können, empfiehlt es sich, dass der Ball oder das Dummy mit einer Wurfschnur versehen ist, an der Sie das gute Stück möglichst auffällig herumschleudern können, bevor Sie es werfen. Hat der Hund gerade etwas entdeckt, dem er vielleicht im nächsten Moment hinterherlaufen könnte, dann lenken Sie laut „Apport!“ rufend und mit auffälligen Bewegungen von ihm weglaufend seine Aufmerksamkeit auf das Wurf-Teil und schleudern es dann mit ausholender Geste in die entgegengesetzte Richtung, so dass er sich vom eigentlichen Jagdobjekt abwendet und dem Ersatzobjekt nachrennt. Das Ziel ist, dass der Hund lernt, wo für ihn die größere Belohnung wartet, daher muss es in solch heiklen Situationen immer ein besonders gutes Häppchen geben, denn das Aufscheuchen von Krähen oder das Jagen von Kaninchen, Joggern oder gar Autos ist für fast jeden Hund ein Instinktverhalten und wirkt selbstbelohnend.

Lernen Sie also, bereits die ersten Anzeichen für ein beginnendes Jagdverhalten bei Ihrem Hund zu erkennen (Nase auf einer Fährte, aufmerksames Blicken in eine bestimmte Richtung, erstarrtes Stehenbleiben, vielleicht sogar das Vorderbein angehoben) und sofort gegenzusteuern. Wenn Sie das von frühester Welpen-Zeit an konsequent machen, haben Sie eine gute Chance, bei Ihrem

Hund den Jagdtrieb unter Kontrolle zu behalten. Ganz wichtig für den Erfolg ist es auch, dass Ihr Hund täglich ausreichend Bewegung und Beschäftigung hat, und dieser Bedarf kann von Hund zu Hund sehr unterschiedlich sein. Da es aber zahlreiche Hunderassen gibt, die über viele Generationen genau mit dem Ziel gezüchtet wurden, dem Menschen bei der Jagd zuzuarbeiten, kann es sein, dass bei solchen Hunden die Passion und der angeborene Instinkt einfach zu groß sind. In diesen Fällen müssen Sie damit leben, dass Ihr Vierbeiner im Wald und Feld nur angeleint laufen darf und Sie ihm den nötigen Freilauf eben dort verschaffen, wo er keine jagdbaren Tiere oder Objekte findet.

Wenn etwas nicht so gut läuft

Je älter Ihr Welpe nun wird und je mehr er gelernt hat, desto einfacher und „normaler" gestaltet sich das Zusammenleben mit ihm. Aber natürlich ist ein Hund kein Computer, den man einfach nur richtig programmieren muss, damit alles läuft. Je nach Temperament und individuellem Charakter wird der Vierbeiner nicht immer so funktionieren, wie Sie sich das vielleicht vorstellen oder wünschen. Manche Probleme, die in dieser Lebensphase auftreten, sind sozusagen hausgemacht und lassen sich mit einem besseren Verständnis, eiserner Konsequenz und souveränem Auftreten seitens des Hundehalters lösen. Wenn Sie aber das Gefühl haben, dass Sie ein Problem mit Ihrem Hund nicht alleine in den Griff bekommen, und sich überfordert fühlen, dann sollten Sie nicht zögern, die kompetente Hilfe eines erfahrenen Hundetrainers in Anspruch zu nehmen. Je länger Sie in einem solchen Fall abwarten, desto schwieriger wird es, das Verhalten des Hundes noch zu beeinflussen und Sie beide als Team wieder auf den rechten Kurs zu bringen.

Problem: Der Welpe verhält sich immer noch oder wieder sehr ängstlich

Je nach individuellem Typ sind manche Hunde schon als Welpe sehr souverän und angstfrei, andere dagegen bleiben lange Zeit sehr vorsichtig und zeigen in vielen Situationen Angstverhalten. Zum Teil hat das natürlich auch damit zu tun, wie viele unterschiedliche Erfahrungen ein Hund bereits in der allerersten Woche seines Lebens machen kann. Welpen, die vor der Abgabe an den neuen Besitzer nur im Zwinger oder Schuppen mit Mutterhündin und Geschwistern gehalten wurden, wo die einzigen menschlichen Kontakte die zum Züchter und seiner Familie waren, werden deutlich unsicherer bei Begegnungen mit anderen Menschen, Hunden oder Umweltreizen reagieren als solche, die von Beginn an bereits sehr vielfältige Erfahrungen machen konnten. Daher ist es so ausgesprochen wichtig, sich vor der Anschaffung eines Welpen beim ausgewählten Züchter so genau wie möglich umzuschauen, damit man einen guten Eindruck davon bekommt, wie dort die Hunde gehalten werden.

Reagiert der Vierbeiner in einigen oder sogar allen neuen Situationen zunächst ängstlich, unsicher oder zumindest vorsichtig, dann müssen Sie als sein menschlicher Rückhalt ihn extrem geduldig und verständnisvoll mit solchen unbekannten Umweltreizen vertraut machen. Es ist ganz wichtig, dass Sie immer die nötige Ruhe und Sicherheit ausstrahlen, um Ihrem Hund zu vermitteln, dass alles in Ordnung ist und er sich entspannen kann. Niemals dürfen Sie den Hund zu etwas zwingen, vor dem er offensichtlich Angst hat, sondern Sie müssen langsam Schritt für Schritt eine Gewöhnung an die Situation herbeiführen, bis Ihr Welpe seine Unsicherheit ablegt. Jeder auch noch so kleine Erfolg auf diesem Weg darf selbstverständlich sehr begeistert gelobt und üppig belohnt werden. Auf der anderen Seite dürfen Sie aber das Angstverhalten des

Hundes nicht unbewusst unterstützen, indem Sie ihn beispielsweise sehr bedauern, ihn dauernd streicheln oder ihn mit Leckerchen füttern, weil er Ihnen gerade so leid tut - damit bewirken Sie im Gegenteil nur, dass der Kleine in seinem Angstverhalten noch bestärkt wird. Wenn Sie in den ersten Tagen und Wochen Ihres Zusammenlebens eine gute und enge Bindung zum Welpen aufgebaut haben, dann helfen Sie ihm am besten dadurch, dass Sie sich entspannt und souverän verhalten und ihm so das Gefühl vermitteln, die Situation im Griff zu haben und ihm nichts passieren kann.

Manche Ängste sind aber bei vielen Hunden so instinktiv, dass Sie nur versuchen können, den größten Stress in bestimmten Situationen vom Hund fernzuhalten. Dazu zählt beispielsweise die tief verwurzelte Angst vieler Hunde vor laut knallenden Geräuschen wie Gewitterdonner oder die ohrenbetäubende Geräuschkulisse eines Feuerwerks. Das Gehör unserer Hunde ist weitaus empfindlicher als unseres, daher wirken manche Frequenzen intensiv auf das Hunde-Ohr, die wir kaum oder gar nicht mehr hören. Am einfachsten lassen Sie den Hund an Silvester oder auch bei einem starken Gewitter einen Zufluchtsort innerhalb der Wohnung aufsuchen, wo er sich einigermaßen sicher fühlt (zum Beispiel unter Ihrem Bett oder in einem ruhigen Zimmer abseits des Lärms), und lassen ihn dort ganz in Ruhe abwarten, bis das „Gegrummel" oder Gepolter vorbei ist. Verhalten Sie sich entspannt, beachten den Hund nicht mehr als nötig und warten einfach, bis er irgendwann aus seinem Versteck wieder hervorkommt. In ganz extremen Fällen kann es auch helfen, sich vom Tierarzt ein leichtes Beruhigungsmittel geben zu lassen, welches dem Hund bereits einige Zeit vor einer planbaren Stresssituation verabreicht wird. Machen Sie am Silvesterabend den letzten Spaziergang mit dem Hund möglichst so zeitig, dass Sie nicht von den ersten Böllerschüssen überrascht werden. Und vor allem halten Sie Ihren Vierbeiner bei solchen Gelegenheiten strikt an der kurzen Leine, auch wenn er normalerweise freilaufen darf, damit er nicht in einer Panikreaktion davonlaufen kann.

Es kann auch sein, dass Ihr Welpe gerade jetzt in dieser Lebensphase etwa zwischen der 12. und 14./15. Lebenswoche deutlich unsicherer wird, als er das bisher war. Bei Kleinkindern spricht man von der „Fremdel-Phase", und so ähnlich ist es bei Welpen auch. Manche Situation, die ihn vorher überhaupt nicht störte, empfindet der Hund plötzlich als unheimlich, bedrohlich und angsteinflößend. Auch jetzt gilt: Je entspannter und souveräner Sie selber in allen Lebenslagen bleiben, desto leichter wird der Welpe sich an Ihnen orientieren und seine Angst wieder ablegen.

Problem: Der Welpe klaut vom Tisch

Wenn Sie nicht möchten, dass Ihr Hund Sie ständig anbettelt, während Sie selber essen, dann stellen Sie klare Regeln auf: Füttern bei Tisch ist absolut tabu, und während Sie und Ihre Familie beim Essen sitzen, bleibt der Hund etwa auf seinem Hundeplatz, in der Box oder zumindest unter dem Tisch. Mit der entsprechenden Konsequenz können Sie Ihrem Vierbeiner auch durchaus beibringen, dass er sein Futter immer erst erhält, nachdem Sie mit Ihrem Essen fertig sind. Sie werden schnell merken, wie Ihr Hund auch ohne eigene Armbanduhr genau weiß, wann seine Futterzeit gekommen ist.

Ein Welpe, der auf diese Weise lernt, dass menschliche Nahrung für ihn nicht zur Debatte steht, wird sich bestenfalls auch nicht anstrengen, sich selbst zu bedienen. Allerdings sollten Sie Ihren Vierbeiner auch nicht unnötig in Versuchung führen, indem Sie darauf achten, nichts Essbares in seiner Reichweite offen stehen zu lassen. Ist es aber doch passiert und der Welpe hat in einem unbeaufsichtigten Moment ein belegtes Brot, einen Keks oder gar den Sonntagsbraten vom Tisch geklaut, bringt es gar nichts, ihn Minuten oder gar Stunden später dafür auszuschimpfen. Zum einen kann er die Schelte nicht mit seinem Tun vor längerer Zeit verknüpfen, zum anderen war die Tat als solche ja bereits selbstbelohnend für ihn. Wenn Sie ihn „auf frischer Tat" ertappen, also gerade in dem Moment, wo er das Brot oder die Wurst vom Tisch ziehen will, hilft ein laut und deutlich gesprochenes „Pfui!" vielleicht, ihn zu stoppen. Besser noch wirkt eine anonyme Bestrafung, die der Vierbeiner gar nicht mit Ihnen in Verbindung bringt. So können Sie beispielsweise eine leere Plastikflasche oder Blechdose mit kleinen Steinen oder Metallstücken befüllen und in einer solchen Situation so werfen, dass sie neben oder hinter dem Hund laut klappernd zu Boden fällt, bevor er das Diebesgut ergattert hat. Oft hat ein solcher Schreck eine eindrucksvolle und nachhaltige Wirkung, und der kleine Sünder versucht nie wieder, etwas vom Tisch zu klauen. Sind Sie nicht sicher, immer rechtzeitig zur Stelle zu sein, dann können Sie ihm auch eine Falle stellen: Legen Sie einen verlockenden Köder auf den Tisch, beispielsweise ein Stück Brot mit Wurst, das Sie vorher mittels einer Schnur an der klappernden Flasche oder Dose befestigt haben. Zieht der Hund nun den Köder vom Tisch, fällt laut scheppernd der „Anker" gleich mit herunter und erschreckt den Übeltäter so, dass ihm die Lust auf Diebstahl vergeht.

Die beste Vorsorge ist es aber, dem Hund gar keine Gelegenheit zum Klauen zu geben. Wenn Sie Besuch erwarten und die Kaffeetafel bereits festlich gedeckt ist oder die Würstchen darauf warten, auf den Grill gelegt zu werden, dann sollten Sie dem Hund konsequent den Zugang zu diesen Verlockungen verwehren, indem Türen geschlossen bleiben oder Vorratsdosen mit Deckeln abgesichert werden.

Problem: Der Welpe knurrt am Futternapf oder am Leckerchen

Wenn Ihr Welpe Sie jederzeit als souveränen Rudel-Chef akzeptiert, dann wird er Ihnen auch seinen Fressnapf, eine leckere Kaustange oder sein Lieblingsspielzeug klaglos überlassen, wenn Sie das einfordern. Das Hergeben von Gegenständen auf ein bestimmtes Kommando haben Sie ja bereits lange mit ihm geübt. Um Ihre Stellung dem Hund gegenüber zu festigen, sollten Sie tatsächlich ab und zu den gerade hingestellten Futternapf wieder hochnehmen, den Lieblingsball an sich nehmen oder die Kaustange selber einen Augenblick zum Schein „benagen“, bevor er sie von Ihnen zurückerhält. Bestenfalls lässt Ihr Vierbeiner das ruhig geschehen und wartet entspannt, bis Sie das jeweilige Objekt wieder für ihn freigeben. Zeigt sich der kleine Racker aber sehr selbstbewusst und knurrt warnend oder schnappt gar nach Ihrer Hand, wenn Sie den Napf oder den Ball nehmen, dann wird es höchste Zeit, gegenzusteuern.

Ganz wichtig ist es, dass Sie sich nicht vom Verhalten des Hundes einschüchtern lassen. Noch sind Sie ihm körperlich überlegen, das kann sich aber ändern, wenn Sie mit der Verhaltenskorrektur warten, bis Ihr Schäferhund oder Retriever ausgewachsene 30 bis 40 Kilo auf die Waage bringt. Und selbst ein respektloser Jack Russel Terrier oder Zwergpinscher kann schmerzhaft zubeißen, wenn er nicht rechtzeitig in seine Schranken gewiesen wird.

Zunächst sollten Sie Ihr grundsätzliches Verhalten dem Hund gegenüber kritisch überdenken: Sind Sie wirklich in jeder Situation souverän und konsequent, oder reagieren Sie manchmal unsicher oder unentschlossen? Bestehen Sie darauf, dass der Hund Kommandos, die er bereits gelernt hat, auch regelkonform befolgt, oder ist etwas an einem Tag verboten, am nächsten aber nicht so wichtig? Achten Sie darauf, dass beim Spiel mit dem Hund immer Sie das Ende bestimmen und es nicht ausufert? Respektieren Sie andererseits auch ihren Hund, lassen ihn auf seinen Platz normalerweise in Ruhe und ärgern ihn nicht, indem Sie ihm eine Leckerei hinhalten, sie ihm dann aber nicht geben? Wie verhalten sich die anderen Familienmitglieder? Sollten Sie unsicher sein, wie Sie sich verhalten sollen, dann suchen Sie die Unterstützung eines professionellen Hundetrainers, der Ihr Mensch-Hund-Gespann gezielt auf den rechten Weg bringt.

Um eine kurze Entwicklungsphase zu korrigieren, in der Ihr Welpe seine Position im Rudel austesten will, hilft es oft bereits, wenn Sie wirklich jeden Schritt konsequent bedenken und dem Hund gegenüber absolut selbstsicher auftreten. Geben Sie ihm einige Tage lang sein Futter nur aus Ihrer Hand, nicht zur freien Aufnahme im Napf. Lassen Sie alle Spielzeuge verschwinden, um die er sich anstellt. Üben Sie vermehrt das Abgeben von Gegenständen auf Kommando. Machen Sie viele Gehorsamsübungen über den Tag verteilt und bestehen Sie auf der korrekten Ausführung von Kommandos, die Ihr Hund bereits kennt und die er schon sicher befolgt hat. Ganz wichtig ist es auch, dass Sie besonders viel im Körperkontakt mit dem Vierbeiner sind, ihn ausgiebig streicheln und in entspannten Situationen auch an Körperstellen berühren, wo er es vielleicht nicht so gerne hat. Und geben Sie ihm auch die Möglichkeit, sich täglich seinem Energiepotential entsprechend auszutoben, zu bewegen und zu beschäftigen. Mit anderen Worten, stärken Sie die Bindung zu Ihrem Hund so, dass er Ihnen absolut vertraut.

Für den Fall, dass sich sein rüpelhaftes Benehmen nicht gegen Sie, sondern gegen ein Familienmitglied richtet, müssen Sie ebenfalls strategisch vorgehen. Binden Sie die betroffene Person, beispielsweise Ihr Kind vermehrt in den Alltag mit dem Hund ein, lassen Sie es den Hund aus der Hand füttern, unter Ihrer Aufsicht mit dem Hund trainieren und auch spazieren gehen. Geben Sie demonstrativ Ihrem Kind ein Leckerchen in die Hand, das dieses dann dem Hund füttert. Seien Sie kreativ, aber vor allem bleiben Sie unbedingt immer dabei, wenn Kind und Hund miteinander umgehen, bis Sie sicher sind, dass der Hund seine Rang-Position nach Ihrem Kind und allen anderen Haushaltsmitgliedern akzeptiert.

Problem: Der Welpe bellt im Garten bei jedem Geräusch

Das Territorialverhalten eines Hundes, also sein Drang, Haus und Hof gegen alles Fremde zu verteidigen, ist sowohl individuell als auch rassespezifisch sehr unterschiedlich ausgeprägt. Während zum Beispiel ein Golden Retriever meist kaum als geborener Wachhund bezeichnet werden kann, da er mit einem Eindringling sogar Ball spielen würde, lässt ein Belgischer Schäferhund oder gar ein Kangal niemanden auf seinen Grund und Boden, der da nicht ausdrücklich hingehört. Auch gelten bestimmte Rassen wie Terrier oder Pinscher als sehr bellfreudig, während ein ruhiger Neufundländer oder majestätischer Barsoi kaum seine Stimme erschallen lässt. Wenn Sie Ihren Hund also auch deshalb angeschafft haben, weil Sie einen Wachhund brauchen, dann wollen Sie ihm das Bellen nicht unter allen Umständen verbieten.

Oft bellen Hunde aber auch einfach aus Langeweile oder weil sie nicht ausgelastet sind. Muss Ihr Vierbeiner viel Zeit alleine im Garten verbringen, weil niemand Zeit oder Lust hat, mit ihm aktiv etwas zu unternehmen, dann sucht er sich unter Umständen selber eine Beschäftigung. Sind es nicht Ihre Blumenbeete, die er nach eigenem Geschmack umgräbt, dann ist es vielleicht das Wacheschieben am Gartenzaun, wo er jede Bewegung und Abwechslung mit lautem Gebell begrüßt. Sorgen Sie also vor allem dafür, dass Ihr Hund seinem Aktivitätsgrad entsprechend täglich ausreichend Auslauf und Beschäftigung erhält, um sich zuhause ruhig und entspannt zu verhalten. Grenzt Ihr Garten an einen Bereich, wo sehr viel Bewegung stattfindet, kann ein Sichtschutz am Zaun helfen. Und trainieren Sie mit Ihrem Vierbeiner sehr intensiv das Kommen auf Kommando, damit Sie ihn immer konsequent aus dem Garten hereinrufen können, wenn er anfängt zu bellen.

Erfolgreicher Abschluss von Stufe Fünf:

Mittlerweile verliert Ihr Welpe immer mehr seine rundlichen Babyformen und entwickelt sich zum etwas tollpatschigen, schlaksigen Teenager. Vor allem großwüchsige Rassen wachsen in dieser Zeit oft schubweise und sehen dadurch manchmal etwas unproportioniert aus. Achten Sie hier besonders auf eine ausgewogene und angepasste Ernährung, um Problemen im Wachstum vorzubeugen.

Mit der Erziehung Ihres Hundes werden Sie nun immer sicherer, denn Sie wissen, in welchen Situationen Sie sich bereits gut auf ihn verlassen können. An Ihrer Seite hat er viele Hürden genommen auf dem Weg zum gut erzogenen Begleithund. Nun heißt es, auf dem Gelernten aufzubauen und nicht nachlässig zu werden, denn die Pubertät macht auch vor Ihrem Hund nicht Halt.

Stufe Sechs: Das Ende der Welpenzeit

Ein untrügliches Anzeichen dafür, dass der Hund seinen Babyschuhen so langsam entwachsen ist, stellt der Beginn des Zahnwechsels dar. Im Alter von etwa drei bis vier Monaten brechen zunächst die Schneidezähne des bleibenden Gebisses durch und drücken die kleinen, spitzen Milchzähne heraus. Oft bemerkt der Hundebesitzer dies gar nicht, da die winzigen Zähne häufig einfach vom Hund verschluckt werden. Es mag Ihnen aber auffallen, dass Ihr Vierbeiner vermehrt speichelt, sich viel leckt oder beim Kauen auf harten Brocken sehr vorsichtig ist. Nun sollten Sie besonders achtsam sein, wenn Sie mit Ihrem Hund spielen, da Zerrspiele mit einem Tau oder Ball ihm in dieser Phase Schmerzen bereiten und die neuen Zähne schädigen können.

Bevor wir mit dieser letzten Trainingsstufe ganz offiziell die Welpen-Phase abschließen werden, sollen noch einige Übungen zur Festigung des bereits Gelernten stattfinden, und es wird auch noch ein letztes neues Kommando eingeführt, dessen endgültige Ausarbeitung aber erst in den nächsten Monaten der Junghund-Phase erfolgen kann, wenn der fleißige Schüler die nötige Reife dazu hat.

Zeitplan für Stufe Sechs: etwa sieben bis zehn Tage

Die Übungen „Sitz!", „Platz!" und „Bleib!" weiter festigen

Bevor wir mit einem neuen Kommando starten, sollten Sie für ein paar Tage die bereits bekannten Kommandos Sitz/Platz/Bleib sehr intensiv mit Ihrem Hund üben. Bestenfalls beherrscht er diese schließlich so sicher, dass Sie ihn auch unter größerer Ablenkung dazu bringen, sich auf das entsprechende Signal sofort hinzusetzen oder zu legen und dann dort zu bleiben, auch wenn Sie sich ein paar Schritte von ihm entfernen. Lassen Sie den Hund an der Führleine im „Fuß" neben sich laufen, gehen Sie ruhig zügig voran, stoppen dann abrupt ab und sagen sofort „Sitz!". Sobald der Hund sitzt, wird er ausgiebig gelobt, dann geht es weiter mit „Fuß". Beim nächsten Stopp soll er ins „Platz", loben, weiter. Wechseln Sie nun unregelmäßig zwischen Sitz und Platz, lassen den Welpen im Platz auch immer kurz an einer Position bleiben, aus der Sie ihn dann nach ein paar Schritten wieder abholen und belohnen. Je schneller er sich auf Kommando setzt oder legt, desto begeisterter loben und belohnen Sie ihn. Sie werden sehen, wie Ihr Hund nach kurzer Zeit schon gespannt neben Ihnen herläuft und auf das nächste Kommando wartet. Passen Sie aber auf, dass die Übungseinheiten nicht zu lange dauern und der Welpe ermüdet oder die Lust verliert. Legen Sie lieber öfter eine kurze Trainingsphase ein und lassen ihn dazwischen immer wieder auch freilaufen und spielen mit ihm.

Das Abstoppen aus der Distanz

Es kann immer eine Situation entstehen, in der Sie Ihren Hund möglichst sofort stoppen müssen. Wenn zum Beispiel ein Fahrradfahrer oder gar ein Auto angerollt kommt und der Hund droht, davor zu laufen, sollten Sie ihn mit einem besonderen Kommando davor bewahren können.

Das sofortige Stoppen auch aus dem Lauf ist aber eine anspruchsvolle Übung, die intensiv trainiert werden muss und die der Hund mit absoluter Sicherheit erst beherrschen kann, wenn er noch etwas älter und reifer ist. Dennoch legen Sie bereits jetzt den Grundstein, indem Sie mit Ihrem Welpen das Abstoppen aus der Distanz trainieren.

Um diese Übung für den Hund eindrucksvoll und lohnend zu machen, brauchen Sie einige richtig gute Häppchen (Käsewürfel oder Wurststückchen), die nicht zu klein sein sollten. Rechnen Sie die Portionen einfach in die tägliche Futterration mit ein. Lässt sich Ihr Hund eher mit seinem Lieblings-Spielzeug belohnen, dann nehmen Sie das. Nun starten Sie die Übung am besten im eigenen Garten oder in einer ruhigen, übersichtlichen Umgebung, etwa auf einem einsamen Feldweg oder einer Wiese. Lassen Sie Ihren Vierbeiner zuerst eine Weile herumlaufen, schnüffeln und sich etwas austoben. Üben Sie mit ihm zunächst wieder die bereits bekannten Kommandos „Sitz!" und „Platz!". Dann lassen Sie ihn freilaufen, und wenn er ein Stückchen von Ihnen entfernt ist, locken Sie ihn mit „Zunge schnalzen", seinem Namen oder anderen spannenden Geräuschen zu sich hin. Sie sollen ihn diesmal absichtlich nicht mit „Hier!" rufen, denn das bedeutet ja immer, dass er unbedingt bis zu Ihnen hinkommen muss, und genau das soll er im weiteren Verlauf dieser Übung nicht tun.

Wenn er neugierig zu Ihnen kommt, gibt es eines der besonderen Leckerchen oder kurz das tolle Spielzeug, ohne dass er schon etwas dafür machen muss. Danach sagen Sie „Lauf!" und lassen ihn wieder seiner Wege gehen. Diesen Ablauf wiederholen Sie nun ein paarmal, es gibt bei Ihnen jedes Mal ein tolles Leckerchen oder ein Spiel, und der Hund muss dafür gar nichts tun. Sicher wird er bald schon sehr gespannt darauf warten, dass Sie ihn wieder anlocken. Wenn Sie das jetzt machen und er auf Sie zukommt, heben Sie plötzlich sehr auffällig den Arm (in der

Hand befindet sich bereits das nächste Häppchen oder eben das Spielzeug), machen sich dabei so groß wie möglich und werfen den Happen oder Ball in hohem Bogen über den Hund hinweg. Sicher wird er erst unschlüssig stehenbleiben, dann zurücklaufen und den Brocken freudig fressen bzw. den Ball holen.

So geht es nun weiter, immer wenn der Hund auf Sie zukommt, werfen Sie mit hoch gerecktem Arm die Belohnung über den Hund hinweg. Wahrscheinlich wird er bereits nach den allerersten Versuchen stehenbleiben, wenn er den erhobenen Arm sieht, und genau in diesem Moment sagen Sie nun laut und deutlich „Stopp!“ (oder „Steh!“ oder „Halt!“, je nachdem, für welches Signalwort Sie sich entscheiden). Achten Sie bitte darauf, dass Sie erst rufen, nachdem der Hund bereits stehengeblieben ist! Dann werfen Sie sofort die Belohnung, die dicht hinter den Hund landet. Auch dieser Ablauf wird nun mehrmals wiederholt, bis Sie merken, dass er zuverlässig abstoppt, wenn Sie den Arm nach oben recken und dann das Kommando geben.

Ab jetzt warten Sie mit dem Werfen der Belohnung einen kurzen Moment. Will der Hund dann doch weiterlaufen, rufen Sie wieder energisch „Stopp!“ und hemmen ihn gleichzeitig mit Ihrer eindeutigen Körpersprache. Bleibt er nun stehen, fliegt die Belohnung über ihn. Zögern Sie ab jetzt das Werfen des Happens immer ein kleines Stückchen weiter hinaus und halten Ihren Hund dadurch immer länger in seiner Stopp-Position.

Nun können sie darüber hinaus versuchen, ihn nach dem erfolgreichen „Stopp!“ mit dem Kommando „Sitz!“ oder „Platz!“ noch fester an seine Position zu binden: Der Welpe läuft freudig auf Sie zu, Sie heben den Arm, rufen „Stopp!“, der Hund bleibt stehen, und jetzt rufen Sie „Sitz!“ (oder eben „Platz!“) und machen mit der Hand des erhobenen Arms das entsprechende Handzeichen mit dem Zeigefinger. Sobald der Hund auch das befolgt, gehen Sie ruhig, aber zügig zu ihm hin und loben und belohnen ihn in der Sitz-Position ganz besonders freudig. Achten Sie aber darauf, dass er sich aus dem Sitz erst erhebt, wenn Sie ihm das Auflösungszeichen „Lauf!" geben. Wenn Sie ihm nun immer sofort nach dem Stopp auch das Sitz befehlen, wird er sich nach kurzer Zeit schon von ganz alleine hinsetzen, wenn Sie nur „Stopp!" rufen.

Ab jetzt ist es sehr wichtig, dass Sie Ihren abgestoppten und brav sitzenden (oder liegenden) Hund jedes Mal an seiner Position abholen und erst da mit Leckerchen oder Spielzeug belohnen, denn der Sinn dieser Übung ist es ja, den Hund später in brenzligen Situationen absolut sicher an seiner aktuellen Position „einzufrieren". Wie bereits gesagt, ist der komplette Übungsablauf mit perfekten Ergebnissen für die meisten Welpen in diesem Alter von etwa 16 Wochen noch zu komplex. Versuchen Sie einfach, wie weit Ihr Hund jetzt sicher mitmacht, und bauen Sie dann langsam und geduldig die weiteren Übungsabläufe darauf auf. Gerade bei dieser Übung kann es sinnvoll sein, auch noch ein Signal mit der Hundepfeife (zum Beispiel einen schrillen, langen Pfiff) einzuführen, da dieses später auf größere Distanz für den Hund besser zu hören ist. Damit sollten Sie aber warten, bis er die Kombination aus Kommandowort und Handzeichen sicher beherrscht, solange Sie im Training noch mit kurzen Distanzen arbeiten. Setzen Sie sich zum Ziel, mit dem Hund bis zur Vollendung seines ersten Lebensjahres das Abstoppen auf Kommando so oft und konsequent zu üben, dass er den Ablauf quasi im Schlaf beherrscht, denn diese Übung kann tatsächlich lebensrettend für ihn sein.

Im Tierbedarfshandel finden Sie unterschiedliche Hundepfeifen, mit denen Sie entweder ein einfaches Signal oder sogar verschiedenartige Töne produzieren können. Eine solche Pfeife kann, muss aber nicht bei der Hundeerziehung eingesetzt werden. Wenn Sie selber nicht gut oder laut pfeifen können oder Schwierigkeiten haben, Ihren Hund auf Distanz laut genug zu rufen, dann ist eine Pfeife ein sehr gutes Hilfsmittel. Genauso, wie jeder Hund lernen kann, auf das gesprochene Wort und/oder ein Handzeichen zu reagieren, kann er auch auf ein bestimmtes Pfeif-Signal konditioniert werden. So können Sie Ihrem Hund tatsächlich alle Kommandos auch über die unterschiedlichen Pfiffe (lang, kurz, lang-kurz-lang, kurz-kurz, lang-lang usw.) antrainieren. Viele dieser Pfeifen arbeiten im Hochfrequenzbereich, der für Hunde besonders gut zu hören ist, für das menschliche Ohr aber relativ leise klingt.

Erfolgreicher Abschluss von Stufe Sechs:

Nun haben Sie Ihren Hund sehr intensiv und geduldig durch seine spannende und aufregende Welpen-Zeit begleitet. Zusammen haben Sie beide viel gelernt, trainiert und gearbeitet, aber auch unzählige schöne Momente und Erlebnisse miteinander geteilt. Jetzt heißt es natürlich, nicht nachzulassen und auf dem bisher Erreichten aufzubauen. Das stabile Fundament der guten Erziehung Ihres Vierbeiners haben Sie gelegt, und in den nächsten Wochen und Monaten werden Sie beide konsequent daran weiterarbeiten.

Schluss

Ab jetzt ist es ein Junghund

In den nächsten acht Monaten, bis Ihr Hund sein erstes Lebensjahr vollendet hat, gibt es noch viel zu tun. Bauen Sie alle Kommandos, die Sie bereits mit dem Welpen konsequent geübt haben, auch mit dem heranwachsenden Vierbeiner aus, und korrigieren Sie ihn rechtzeitig, wenn er ungenau oder unsicher in der Befolgung wird. Auch mit Rückschlägen müssen Sie rechnen: Besonders während der Zeit der Pubertät und mit Erreichen der Geschlechtsreife testen viele Hunde aus, ob sie wirklich immer das machen müssen, was Herrchen oder Frauchen gerade von ihnen erwartet. Das hängt natürlich vom Charakter und Temperament des jeweiligen Hundes ab, und auch die Qualität der Bindung zu seinem Menschen spielt eine Rolle dabei. Die wichtigste Regel für Sie ist nun, sich nicht entmutigen zu lassen und unbeirrt weiter mit aller Konsequenz und sehr viel Geduld und Liebe mit Ihrem Vierbeiner zu arbeiten.

Vergessen Sie dabei aber nicht, die Zeit mit Hund auch wirklich zu genießen - und beantworten Sie sich doch einfach schon einmal selber die Frage, ob Sie sich jetzt als Hundehalter besser fühlen und zufriedener sind, als es vor dem Einzug Ihres tierischen Freundes der Fall war?

Ihre Meinung ist uns wichtig!

Haben Sie einen kurzen Moment Zeit? Wir würden gerne wissen, wie zufrieden Sie mit dem Buch waren. Daher würden wir uns über eine Amazon-Rezension sehr freuen.

Wenn Sie mit dem Buch nicht ganz zufrieden sind, bitten wir Sie, uns dies mitzuteilen. Schreiben Sie uns dazu einfach eine E-Mail an kontakt@hundewelten-verlag.de. Durch Ihre Hilfe geben Sie uns die Möglichkeit, zukünftige Auflagen noch besser zu gestalten!

Mehr vom Hundewelten Verlag? Leseprobe aus dem Buch „Hundespiele mit Wau-Effekt"

Reiz-Angel

Dieses Spiel eignet sich am besten, wenn Sie in der freien Natur sind. Sie benötigen etwa zwei bis vier Meter einer festen Schnur und eine zwei Meter lange Stange. Befestigen Sie die Schnur sicher an der Stange. An das andere Ende knoten Sie die „Beute". Das kann ein Spielzeug sein, ein Plüschtier oder was auch immer Ihren Hund animiert. Bevor Sie ihn mit der neuen Spielmöglichkeit konfrontieren, beginnen Sie zum Aufwärmen seiner (und Ihrer) Muskeln mit einem Frisbee- oder Ballspiel. Dann testen Sie, ob Ihr Hund Spaß am Jagen hat, indem Sie ihm die Beute an der Stange vor die Nase halten und sie herumhüpfen lassen. Machen Sie ihn heiß, zeigen Sie ihm, dass er sich die Jagdbeute schnappen darf. Erweist er sich als interessiert, fordern sie ihn heraus, Ihnen zu folgen. Ziehen Sie die Reiz-Angel hinter sich her, so dass sie über den Boden schleift und lassen sie dann hochschnellen, rennen Sie mal in die eine, dann wieder in die entgegengesetzte Richtung. Erwischt Ihr Hund die Beute, sollte er Sie Ihnen bringen. Wenn er bereits das Apportieren gelernt hat. Geben Sie ihm das entsprechende Kommando.

Dieses Training eignet sich hervorragend als Übung zur Impulskontrolle. Erhöhen Sie dazu den Schwierigkeitsgrad und geben ihm mitten im Spiel das Kommando „Stopp", das er natürlich vorher bereits kennen muss. Hält er tatsächlich auf ihr Kommando an, müssen Sie ihn überschwänglich loben und ihn belohnen, denn das ist eine der schwersten Übungen, vor allem für einen jagdbegeisterten Hund. Lassen Sie ihn anschließend die Jagd fortsetzen. Je nachdem, ob er am Ende des Spiels das Spielzeug behalten oder das Dummy zerfetzen darf, lassen Sie es sich apportieren oder geben Sie es ihm nach Beendigung des Spiels als Belohnung.

In diesem Ratgeber erwarten Sie

- **Spiele für drinnen**, mit denen Sie auch bei schlechtem Wetter Abwechslung für sich und Ihren Hund schaffen, um der Einengung in Zeiten der Corona-Pandemie zu umgehen,
- **Hundeerziehungs-Tipps**, mit denen Ihr Hund gehorsamer wird und Ihnen damit mehr Ruhe verschafft,
- **Denksport-Spiele**, welche die enorme Gedächtnisleistung Ihres Vierbeiners fordern und fördern, um ihn gedanklich auszulasten,
- **Sportliche Spiele**, durch die Ihr Hund und Sie länger gesund bleiben, damit Sie noch mehr Zeit mit Ihm verbringen können,
- **Spiele für den Alltag**, mit denen Sie in stressigen Phasen kleine Verschnaufpausen für sich und Ihren Hund einbauen können.

Durch das breite Spektrum an Spielen finden Sie für jede Situation das richtige Spiel – egal, ob Sie viel oder wenig Zeit haben. Wenn Sie Ihnen und Ihrem Hund ein ruhigeres und noch abwechslungsreicheres Leben bescheren wollen, besuchen Sie Amazon.de und legen das Buch in den Einkaufswagen.